# MARKETING MADE SIMPLE

# 온택트 마케팅

# 온택트 마케팅

도널드 밀러

J.J. 피터슨

김혜진 옮김

DONALD MILLER
J.J. PETERSON

비즈니스맵

# 온택트 마케팅On-tact Marketing?

"온택트On-tact란, 온라인Online을 통한 접촉, 또는 소통Contact을 말한다."

코로나-19COVID-19가 전 세계를 강타하면서 '비접촉Un-tact'이라는 말이 일상의 언어가 되었다. 그리고 사회적 동물인 인간은 비접촉 소통의 수단으로 온라인을 더욱더 활용하게 되었다. 온라인을 활용한 접촉과 소통 방식은 계속해서 활용해온 방식이지만, 비접촉 시대를 맞아 더욱더 활성화되고 있다. 이처럼 온라인을 통한 접촉, 또는 소통을 '온택트On-tact'라고 한다.

마케팅에서도 온라인을 활용한 소통 방식이 더욱더 활발해져 가고 있다. 온택트 마케팅은 온라인을 통해 소비자와 소통하며 광고홍보하는 양방향 마케팅 방식이라는 점에서 일반적인 온라인 마케팅과는 차별화한다. 물론 온라인 마케팅이라는 말은 온라인을 통한 모든 마케팅 방식을 아우르는 더 큰 범주에 해당하지만, '온라인 소통'이라는 점을 특정하는 온택트 마케팅은 하나의 용어로서 충분히 자립할 만하다.

그렇다면, 온택트 마케팅을 수행하는 데 가장 중요한 것은 무엇일까?

가장 중요한 것은 먼저 잠재적인 소비자를 소통의 장으로 끌어당겨 오는 것이다. 소통하고자 하는 잠재 고객 없이는 어떠한 마케팅 수단도 무용지물일 뿐이다. 이 책에서 설명하는 '세일즈 퍼널Sales Funnel'은 바로 잠재 고객을 끌어당기는 도구이자 프로세스이다. 우리 말로는 '영업 깔때기'라고도 한다. 잠재 고객과 관계를 유지하고 마침내, 구매로까지 이어지도록 하는 것이 이 세일즈 퍼널 구축의 목적이다.

온택트 마케팅에도 다양한 수단이 있다. SNS 채널, 이메일, 동영상 플랫폼 등의 활용을 그 예로 들 수 있다. 최근에는 그중에서도 동영상 플랫폼을 활용한 온라인 소통이 주목받고 있으나, 어떤 것도 중요하지 않은 수단이 없다.

마케팅 실행은 다방면에서 다각도로 이루어져야 하기 때문이다. 이 책에서는 이러한 수단들을 '리드 제너레이터Lead Generator'라는 말로 설명한다. 이러한 수단들을 통해 세일즈 퍼널을 구축하고, 그 결과로 고객과의 관계를 유지하며, 마침내 고객을 '구매'라는 단계까지 이르도록 해야 한다.

이 책은 온택트 마케팅을 실행하기 전에 구축해야 하는 토대를 어떻게 마련해야 할지 실질적인 방법과 다양한 예시로 이해하기 쉽게 설명한다. 독자는 여기서 제시한 대로 직접 연습해보면서 비대면 시대에 적합한 마케팅 계획을 자신의 사업과 환경에 맞게 구축할 수 있다.

*이 책의 주석은 모두 편집자, 번역자가 추가한 것이다.
*이 책에서 제공하는 부록은 'www.marketingmadesimple.com'에서 PDF(영문)로 내려받을 수 있다.

# Contents

# 서문

마케팅은 쉬우면서도 효과적이어야 한다.

작은 사업을 운영하든 큰 기업을 경영하든 관계없이 가장 쉬우면서도 효과적인 마케팅 계획은 세일즈 퍼널Sales Funnel, 영업 깔때기*로부터 시작된다.

말로써 제품을 판매하려고 한다면, 어떤 종류의 제품을 팔든 상관없이 세일즈 퍼널은 효과적으로 적용될 것이다.

세일즈 퍼널은 온택트 마케팅을 포함하여 성공적인 디지털 마케팅 계획의 가장 기본적인 토대가 된다. 세일즈 퍼널이 제대로 구축된 후에는, 광고를 통해 이를 더욱 활성화할 수 있다.

물론 마케팅에 있어서 디지털 마케팅이 전부는 아니지만, 웹사이트, 리드 제너레이터Lead Generator, 이메일 캠페인 등의 디지털 홍보 전략은 다른 모든 부수적인 마케팅 활동의 견고한 기반이 된다.

그러므로 세일즈 퍼널은 꼭 필요하다. 이 책은 세일즈 퍼널을 구축하는 방법에 관하여 자세히 소개한다.

세일즈 퍼널은 잠재적인 고객의 관심을 끌고 그것을 판매로 전환하는 방법이다.

---

* 잠재 고객이 브랜드나 제품, 서비스를 인지하도록 하는 단계에서부터 최종 구매에까지 이어지도록 하는 마케팅 도구를 말한다. 이는 온택트 마케팅을 실행하는 데에도 가장 먼저 구축해야 하는 토대이다.

모든 사업가, 경영자 혹은 마케팅 담당자는 세일즈 퍼널이 어떤 방식으로 작동하는지 제대로 알아야 한다. 이 책에서 소개하는 체크리스트는 효과적인 세일즈 퍼널을 만들기 위하여 알아야 하는 모든 것을 상세히 보여준다. 또한, 세일즈 퍼널을 구성하는 각각의 도구를 정확하게 구축하기 위한 모든 전략과 노하우를 각 챕터에서 알려줄 것이다.

이 책과 더불어 엄청난 시간과 정신적 고뇌를 덜어줄 또 하나의 도구인 '와이어 프레임Wireframe'*을 이 책 마지막 부분에 첨부하였다.

스토리브랜드StoryBrand**는 그동안 1만 개 이상의 중소기업과 대기업이 성공적인 세일즈 퍼널을 구축하도록 도와주었다. 기업 대부분은 단순히 와이어 프레임Wireframe을 작성하는 것부터 시작하였다.

이 책은 마케팅 계획을 쉽게 세우고 실행할 수 있도록 하는 것에 중점을 두고 있다. 마케팅에 관하여 말로만 떠들기는 쉽지만, 마케팅은 오직 실제로 실행되었을 때만 수익을 창출할 수 있다.

마케팅 계획 대부분은 의사소통의 의도나 철학에서 실패하는 것이 아니라 실행에서 실패한다. 사람들은 그저 끝까지 마무리하지 못한다.

공동 저자인 J.J. 피터슨 박사는 작년에 발표한 스토리브랜드 메시징 프레임워크StoryBrand Messaging Framework에 관한 박사 학위 논문에서 기업의 규모나 비즈니스 형태와 관계없이 모두 성공적으로 이 프레임워크를 적용할 수 있다고 주장하였다. 또한, 그는 이 프레임워크로 성공하는 데 가장 결정적인 요소는 '실행'이라고 말했다. 따라서 이 책은 '실행'에 관하여 집중적으로 다루어 당신이 성공적으로 마케팅을 실행할 수 있도록 도와

---

* 실제로 모양을 잡기 전에 화면에 표시할 구성이나 체계, 콘텐츠 등에 관한 전체적인 레이아웃을 간단한 선 등으로 표현한 일종의 스케치를 말한다.
** 저자가 설립한 마케팅 컨설팅 업체이다.

주고자 한다.

　만약 전달하고자 하는 명확한 메시지를 확보했다고 해도 세일즈 퍼널이 없다면, 당신의 사업은 제대로 성장하지 못할 것이다. 고객들은 당신이 자신들의 문제점을 해결하지 못하리라 생각하고 다른 해결책을 찾아서 떠날 것이기 때문이다.


# 효과 없는 마케팅에
# 돈 낭비하지 마라

　아직 마케팅에 돈을 지출하기 전인가? 그렇다면 당신은 이 책을 읽음으로써 적어도 수십억 원을 절약할 수 있을 것이다. 만약 효과 없는 마케팅에 돈을 낭비하고 있다면, 이 책은 무의미한 비용 낭비를 멈추게 할 것이다.

　수년간 스토리브랜드를 운영하면서 우리는 '로고나 색상을 변경하라, 새로운 브랜드 지침을 제정하라, 페이스북 광고와 번드레한 웹사이트를 구축하라'라고 부추기는 많은 마케팅 에이전시를 만났다. 하지만 제대로 된 세일즈 퍼널이 없다면, 이 모든 것은 전혀 효과가 없을 것이다.

　J.J. 박사와 나는 수백 명의 스토리브랜드 인증 마케팅 가이드StoryBrand Certified Marketing Guides를 교육하면서, 동시에 여러 가지 마케팅 아이디어를 실험해 보기도 하였다. 그러나 우리는 오래되었지만 가장 믿을 만한 세일즈 퍼널이 최고의 마케팅 방법이라는 것을 늘 다시 확인하곤 하였다.

　이 책의 체크리스트는 분명 당신에게 도움을 줄 것이다.

　당신이 사업가, 경영자, 혹은 대기업의 마케팅 부서에서 일하는 직원이라면, 이 책을 '이해하기 쉬운 마케팅 청사진'으로 활용할 수 있을 것이다.

당신이 마케팅 담당자라면, 이 책을 업무 참고서로 활용할 것을 권장한다. 만약 사장이라면, 이 책을 당장 마케팅 담당자에게 전달하고 체크리스트에 있는 그대로 실행해달라고 요청하자.


## 효과 없는 마케팅에 지출하는 것은 잘못이다

마케팅 회사가 당신에게 비용을 청구해놓고 제대로 된 마케팅 효과를 보여주지 못하는 것은 잘못된 일이다. 이는 당신이 시간을 투자하여 일한 대가로 아무런 보수를 받지 못하는 것만큼이나 부당하다. 당신의 시간은 이렇게 낭비되기에는 너무 귀중하다.

설령 마케팅 전문가를 고용한다고 할지라도, 그들이 하는 일을 명확하게 이해하기 위해서는 이 책을 참고해야 한다. 제대로 된 마케팅이 어떤 식으로 진행되는지 충분히 이해한다면, 마케팅 계획을 세우는 데 도와줄 전문가에게 더욱 효과적인 방향 제시와 피드백을 제공할 수 있기 때문이다.

마케팅은 전혀 복잡하거나 어려울 필요가 없다. 우리가 이 책에서 제시하는 방법을 잘 따라 한다면, 마케팅에 자신감을 느끼게 되고 기업의 사명을 키워나갈 수 있으며, 요즘과 같은 팬데믹 시대에도 고객과 가까운 관계를 만들어나갈 수 있을 것이다.

자, 그럼 시작해보자.

MARKETING
MADE
SIMPLE

온택트 마케팅

**Part 1**

# 관계의 3단계

# Chapter 1

# 절대 후회하지 않을 단 하나의 마케팅 계획

20년 전에 나는 처음으로 베스트셀러를 집필하였다. 그전에도 한 권의 책을 썼지만, 그 책을 구매한 사람은 오직 나의 어머니 한 사람뿐이었다. 나는 두 번의 시도 끝에 사람들이 읽고 싶어 하는 책을 쓰게 되었는데, 이렇게 두 번 만에 히트작을 내는 것은 실제로 출판계에서 매우 드문 일이라는 것을 나중에 알게 되었다. 99% 이상의 작가들은 자신의 책을 써서 출간하는 것만으로는 생계를 꾸려나가지 못한다. 나는 운이 정말 좋았다.

내 책이 베스트셀러가 된 후, 나는 앞으로 모든 일이 순조롭게 잘 풀릴 것이라고 예상하였다. 내가 향후 발표하는 모든 책은 당연히 베스트셀러가 될 것이고, 내가 출연하는 강연은 많은 사람으로 가득 찰 것이라고 상상하였다. 그리고 내 책이 영화로 제작되어서 문학계와 영화계에 큰 획을 그을 것이라 기대하기도 하였다.

하지만 베스트셀러 작가 대부분에게 이런 일들이 실제로 발생할 가능성은 매우 희박하다.

베스트셀러를 출간하는 것은 아주 대단한 일이지만, 수많은 베스트셀러 작가는 서서히 수입이 줄어들고 명성을 잃게 되면서, 결국 아무것도 남지 않는 상황에 부닥치게 된다. 나도 거의 그렇게 될 뻔했다.

나는 지속 가능한 플랫폼Platform을 만드는 대신에 과거의 성공에 안주하였다. 성공적인 작가로서 (그리고 한 인간으로서) 가질 수 있었던 기회들을 진지하게 여기지 않은 채, 거의 10년 정도의 세월을 낭비하였다.

내가 만약 20년 전으로 시간 여행을 할 수 있다면, 이 책을 과거의 나에게 꼭 전해주고 싶다. 내가 과거의 나에게 기초적인 마케팅 계획을 가르쳐주고 싶다는 것이 이상하게 들린다는 것을 알지만, 정말로 그러고 싶다.

나는 마케팅 계획을 세우지 않아서 세계적인 영향력을 발휘하고 내 꿈의 일부를 이룰 기회를 얻는 데 막대한 비용을 들여야 했다.

하지만 결국에 나는 일이 잘 풀렸는데, 그렇게 된 유일한 이유는 내가 앞으로 설명할 마케팅 계획을 실행했기 때문이다.


# 효과적인 마케팅 계획의 다섯 단계

요컨대, 20년 전에 내가 성공담을 이어가려면, 아래의 다섯 가지 일을 했었어야 했다. 물론 이 다섯 가지 일을 몇 번이고 꾸준히 반복했었어야 했다. 내가 했었다면 좋았을 다섯 가지 일은 다음과 같다.

이것들은 무척이나 실용적이다.

① 브랜드 각본BrandScript 만들기

나는 전달하고자 하는 메시지를 확립했었어야 했다.

② 원라이너One-liner 만들기

나는 내 메시지를 한 문장으로 요약했었어야 했다.

③ 랜딩 페이지Landing Page* 와이어 프레임Wireframe 만들기

나는 그 메시지를 더 자세히 설명하고 확장하여 명확하면서도 흥미로운 웹사이트를 구축했었어야 했다.

④ 리드 제너레이팅Lead-generating PDF 만들기

나는 고객의 이메일 주소를 수집할 수 있는 리드 제너레이터**를 사용했었어야 했다.

⑤ 이메일 캠페인Email Campaign 생성

나는 이메일 주소를 제공한 고객들에게 그들의 문제를 실질적으로 해결하는 데 도움이 되는 이메일을 보냄으로써 그들의 신뢰를 얻었어야 했다.

이 책은 플랫폼을 만들고 회사를 성장시키는 것에 관한 책이다. 나는 이를 간단명료하고 구체적으로 설명하고자 한다.

많은 마케팅 책이 이론은 길게 설명하면서 이를 응용하는 방법에 관해서는 자세히 언급하지 않는다. 하지만 J.J. 박사와 나는 성공적인 마케팅을 위해서 당신이 해야 하는 것이 정확히 무엇이며, 어떤 순서로 진행해야 하는지 알려줄 것이다.

---

* 고객이 광고 등을 통해 웹페이지에 들어와서 제일 처음 보게 되는 화면을 말한다.

** 마케팅 분야에서 고객의 호기심을 유도하는 장치를 말한다. 이메일 시리즈, SNS 글, 네이버 포스트를 비롯해 온택트 시대에 걸맞은 영상을 통한 소통 채널도 리드 제너레이터라고 할 수 있다.

# 이러한 마케팅 계획은 당신을
# 곤경에서 벗어나게 해줄 것이다

나는 절박했기 때문에, 이처럼 간단한 마케팅 계획 실행법을 배워야만 했다. 20년 전에 수백만 권의 책이 팔린 이후, 나는 모든 것을 잃고 말았기 때문이다. 내가 가진 모든 재산을 투자했던 일이 결국 실패로 끝났던 것이다.

맑고 선선하던 9월의 어느 날 아침, 투자에 실패했다는 전화를 받았고 그렇게 평생 모은 전 재산이 사라지고 말았다. 내 인생에서 가장 힘들었던 순간 중 하나였다. 그때는 마치 모든 것을 다 잃은 것처럼 느껴졌다.

고통스러운 상실감으로 괴로워하던 몇 주의 시간이 지나고, 나는 내 인생을 스스로 책임지지 않으며 살아왔다는 사실을 불현듯 깨달았다. 외부 관리자, 홍보 담당자, 투자자, 출판사가 나를 잘 이끌어 주리라 그냥 믿었던 것이다.

그때 나는 내 인생의 CEO가 되기로 결심했다. 모든 결정을 나 스스로 내리기로 말이다.

내 인생이 새로 시작되는 순간이었다.

나의 다음 책은 다른 출판사를 통해 출간하는 대신, 내가 직접 회사를 차려서 출판하기로 하였다. 나는 저렴하면서 효과적인 마케팅 방법에 대하여 알아보기 시작하였고, 수년간의 실험 끝에 이 책에서 소개할 마케팅 계획을 생각해내게 되었다.

현재 나와 내 아내는 비즈니스 메이드 심플Business Made Simple이라는 회사를 소유하고 있는데, 이 회사는 자기계발을 원하는 사람이라면 누구나 신청할 수 있는 온라인 교육 비즈니스 코스를 저렴하게 제공함으로써 사람들이 굳이 대출까지 받아 가며 대학에 갈 필요가 없도록 하고 있다.

그렇게 해서 현재 우리는 내가 7년 전 월요일 아침에 잃었던 금액보다 더 많은 액수를 매년 자선단체에 기부하고 있다.

어떻게 이 모든 일이 가능했을까? 이 간단한 다섯 단계의 마케팅 계획을 반복 실행한 것이 바로 내가 회사를 세우고 내 삶을 재건할 수 있었던 비결이다. 좋은 소식은, 당신은 근사한 회사를 세우기 위해서 나처럼 먼저 모든 재산을 탕진할 필요가 없다는 것이다. 이 책에서 소개하는 다섯 단계를 잘 따라 하기만 하면, 당신만의 브랜드를 처음부터 제대로 만들어나갈 수 있을 것이다.

만약 대기업에서 일하고 있다면, 이 계획은 각 부서뿐만 아니라 각각의 제품에도 효과적으로 적용될 수 있을 것이다. 그렇다. 당신은 이 책을 통해 여러 개의 세일즈 퍼널을 만들 수 있다. 그것이 바로 내가 권장하는 바이다. 첫 번째 세일즈 퍼널을 만들고 나면, 바로 다음 것을 만들기 시작하라. 온택트 마케팅에 맞춰 세일즈 퍼널을 구축할 수도 있다. 궁극적으로, 마케팅 계획을 세우면서 많은 세일즈 퍼널을 구축하고 나면, 각각의 세일즈 퍼널은 당신의 제품과 서비스를 다양한 사람에게 판매하도록 할 것이다.

회사 규모나 세일즈 퍼널의 개수와 관계없이 이 마케팅 계획은 효과적으로 작용할 것이다.

마케팅 때문에 더는 고민하지 마라. 자신 있고 당당하게 좋은 결과를 누려라. 이 책의 마케팅 계획을 실행하기만 한다면, 누구나 성공할 수 있다.

# Chapter 2

# 관계의 실제
# 단계들

*관계에 헌신하기 전에*
*왜 먼저 호기심을 가지고 깨달아야 할까?*

우리의 다섯 단계 마케팅 계획은 당신의 브랜드가 고객과 신뢰 관계를 형성할 수 있도록 해줄 것이다. 당신은 더 많은 제품을 판매하게 될 뿐만 아니라, 고객들은 당신의 회사, 영업사원, 심지어 제품조차도 자신에게 도움이 되는 친구 같은 존재로 여기게 될 것이다.

세일즈 퍼널을 통해 무엇을 달성해야 하는지 정확히 알기 위해서는 먼저 관계의 각 단계를 이해해야 한다.

우리는 사람들이 우리 제품이 자신들의 문제를 어떻게 해결해주는지 잘 이해해서, 결국 제품을 구매하기를 바란다. 그러나 고객들에게 단순히 우리 제품을 구매해 달라고 요청하는 것은 효과가 없다. 적어도 지금 당장은 말이다.

구매를 요청하는 것은 관계를 맺자는 제안과 같다. 그리고 관계에는 규칙이 있다.

대부분은 수줍은 어린 소년이 소녀에게 데이트를 청하는 것과 같은 방식으로 사람들에게 우리 제품을 사달라고 요청한다. 서투르게 그녀에게

다가가 아버지한테 배운 대로 그녀의 손을 꽉 잡은 채 흔들며 악수하고는 막 새 차를 산 어머니와 함께 다 같이 영화를 보러 가지 않겠느냐고 묻는다. (내 친구의 경험담이기도 하다.)

이 관계가 잘될지 누가 알겠는가? 이 소년을 위해서는 그러기를 바랄 뿐이다. 하지만 소년이 관계를 맺는 방법에 대해 제대로 이해했다면, 훨씬 더 잘할 수 있었을 것이다. 그리고 실제로 관계는 천천히 형성된다.

연인 관계, 친구 관계, 심지어 브랜드와의 관계도 마찬가지로 모든 관계는 세 단계를 거치게 된다. 이 단계들은 결코 서둘러서는 안 된다.

관계의 세 단계는 다음과 같다.

ⓥ 1단계: 호기심Curiosity
ⓥ 2단계: 깨달음Enlightenment
ⓥ 3단계: 헌신Commitment

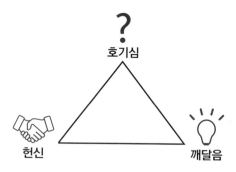

사람들은 호기심을 느끼지 않으면(당신이 그들의 생존을 도울 수 있는 무언가를 가지고 있지 않으면) 당신에 대해 깨달으려고(당신에 대해 더 자세히 알아가려고) 하지 않을 것이며, 자신들의 생존을 어떻게 도와줄 수 있는지 깨닫지 않는 한 당신에게 절대 헌신(구매)하지 않을 것이다.

당신이 그동안 맺었던 모든 관계는 이러한 단계를 거쳤을 것이다. 브랜드와의 관계도 말이다.

# 모든 소비자가 거치는 여정

나는 최근에 고급 오디오 장비를 사려고 찾아보기 시작했다. 아내와 나는 내슈빌Nashville이라는 도시에 살고 있는데, 이곳에는 음악 산업에 종사하는 사람들이 많아서 우리가 주최하는 소모임에 음악가들이 참여하는 경우가 종종 있다.

대여섯 번의 즉석 음악 파티 후에, 나는 우리 주방에 있는 작은 블루투스 스피커의 음향이 별로 좋지 않다는 것을 깨달았다.

그래서 인터넷으로 검색해보게 되었고, 우연히 맞춤 오디오 장비를 제작하는 오스월드 밀 오디오Oswalds Mill Audio라는 작은 회사를 발견하였다. 스피커와 턴테이블 사진들이 아주 멋있었다. 턴테이블의 무게는 약 3.5kg이었고, 스피커는 오래된 축구 경기장에서 떼어낸 듯한 철제 확성기 모양이었다. 이 장치들은 아름다운 나무 장식 위에 장착되어 있었고, 레코드판 음악을 감상하고 있는 사진 속의 남자는 멋진 스웨터를 입고 있었는데, 이는 그가 음향 시스템이 어떻게 작동하는지 매우 잘 알고 있다는 느낌을 주었다. 여하튼 그 회사가 웹사이트를 통해 이러한 음향 시스템과 제품을 소개하는 방식에는 확실히 다른 무언가가 있었고, 이는 나의 호기심을 자극하였다.

하지만 어떻게? 그리고 무엇에 관한 호기심일까?

내가 이 상품을 사게 되었는지 아닌지는 곧 알려주겠다. 하지만 먼저, 소비자가 브랜드에 더욱 관심을 가지도록 하려면 무엇을 해야 하는지 살펴보도록 하자.

## ☑ 1단계: 호기심 Curiosity

이 사람이, 이 제품이, 이 서비스가 살아가는 데 나에게 도움이 될까? 관계의 첫 번째 단계는 호기심이다. 누군가를 만난 후에 그 사람에 대해 더 알고 싶어 하는 단계라고 볼 수 있다. 파티에 비유하면, 이 누군가는 파티가 끝나도 다시 만나서 좀 더 알아가고 싶은 사람인 것이다. 아마도 나와 같은 학교 동문이거나 같은 직종에 종사하는 경험 많은 선배일 수도 있다.

당신이 그 사람에게 호기심을 가지게 된 이유는 단 한 가지다. 그가 나의 생존 및 번영에 도움이 되리라는 것을 무의식중에 인지했기 때문이다.

단지 같은 학교를 졸업했다는 사실만으로 그 사람이 어떻게 나의 생존에 도움이 될 수 있는지 아마도 궁금할 것이다. 사실, 무엇이 우리의 생존에 도움이 될지를 결정하는 필터는 매우 미묘하고 까다롭다. 당신의 필터는 고도로 정제된 기구이다.

동문인 사람이 곁에 있으면, 혼자가 아니라는 위안을 느끼게 된다. 비슷한 삶의 여정을 경험한 누군가가 있음을 알기 때문이다. 우리는 바로 이러한 이유로 비슷한 인생 여정을 거쳐 온 사람들끼리 모이는 경향이 있다. 그들은 마치 같은 무리에 속해 있다는 동질감을 느끼게 해준다.

반면, 혼자 있는 것은 취약한 상태에 처했다는 느낌을 준다. 인간은 가족 또는 무리 내에서 살아간다. 우리는 잠깐씩 혼자 지내기도 하지만 대부분은 다른 사람들과 함께 있기를 원한다.

우리는 나와 비슷한 사람을 만나면 그 사람을 더 잘 이해할 수 있어서 더욱 안전하다고 느낀다. 상대의 정체가 불확실하면 조금은 경계하게 되는데, 서로 간에 유사한 점들을 발견하면 이런 경계는 빠르게 누그러진다.

만약 상대방이 같은 직종에서 종사하는 경험 많은 선배라면, 내가 살아남는 데 도움받을 방법은 더욱 명료하다. 선배는 어려운 일들을 극복하도록 도와주거나 더 빠르게 경력을 쌓도록 하는 데 노하우를 알려줄 수도 있다.

물론 우리는 이러한 생각들을 전혀 의식하지 못하지만, 무의식중에 이러한 사고 과정이 분명히 일어나고 있다.

우리의 생존과 번창을 도와줄 수 있는 사람, 제품, 그리고 브랜드는 우리의 호기심을 자극하는 생존 메커니즘을 활성화한다.

## 호기심은 순간적인 판단이다

관계에서 호기심 단계는 대부분 순간적인 판단으로 이루어진다. 우리는 주변 환경을 훑어보듯이 메일함을 정리한다. 스팸Spam으로 여겨지거나 우리의 생존과 관련이 없다고 여겨지는 메일들은 제거하여 휴지통으로 옮긴다. 청구서, 친구의 편지, 흥미로운 카탈로그 등은 나중에 다시 확인하기 위해 따로 옮겨둔다. 호기심 단계에서는 오로지 보관과 폐기라는 두 가지의 큰 분류로만 나눈다.

이것이 바로 매일 수백 개, 수천 개의 마케팅 자료를 마주할 때, 고객들의 두뇌가 작동하는 방식이다. 자료 대부분은 '폐기'로 분류되지만, 간혹 어떤 메시지는 '보관'으로 분류되기도 한다.

이 모든 것이 지나치게 공리주의적으로 느껴질 수 있다는 것을 알지만, 이는 사실 대단히 일반적이고 정상적인 과정이다. 우리는 각자에게 의미 있는 이야기들로 인생을 채워나가고자 하고, 모든 사람이나 사물이 우리의 이야기에 유용할 수는 없다.

인간은 생존에 도움이 될 만한 물질적, 정서적, 사회적 자원들을 수집한다. 다람쥐가 도토리를 모아두듯이, 우리도 이 지구상에서 살아남는 데 필요한 모든 것을 수집한다. 이것은 결코 나쁜 일이 아니다. 결국에는 인간도 영장류의 한 부류이고, 영장류는 실로 생존 능력이 아주 뛰어나다.

호기심 필터를 장착하지 않은 인간은 아마 이 세상에서 살아남기 어려울지도 모른다. 사실 호기심 필터가 없는 사람들은 아침에 집 밖으로 나가지도 못할 것이다. 그들은 온종일 부엌에 서서 토스터가 어떻게 작동하는지 궁금해할 것이다. 왜일까? 그들에게는 토스터의 작동 원리는 알 필요가 없으며, 지금 빨리 나서지 않으면 회사에 지각할 것이고, 이런 일이 계속되면 결국은 해고당하리라는 것을 알려주는 호기심 필터가 없기 때문이다.

말하고자 하는 요점은, 만약 당신이 누군가에게 그 사람의 생존을 어떻게 도울 것인지 말하지 않는다면, 그 사람은 당신에게 신경도 쓰지 않고 무시할 거라는 것이다.

마케팅을 할 때도 고객의 생존을 도울 방법을 간단명료하게 표현해야 한다.

웹사이트 헤더<sub>Header</sub>*, 이메일 제목, 제안서의 첫 문단, 리드 제너레이터의 제목, 엘리베이터 피치**, 제품 발표문의 첫 문장 등과 같은 경우에 말

---

* 웹사이트 첫 페이지의 맨 위쪽 섹션을 말한다.
** 엘리베이터를 타는 것만큼 짧은 시간 안에 빠르고 간단하게 홍보하는 것을 말한다.

이다. 만약 제대로 표현하지 못하면 사람들은 당신의 메시지를 듣지 않을 것이다.

## 🔍 어떻게 사람들의 호기심 필터를 통과할 수 있을까?

그 비싼 오디오 장비는 어떻게 나의 호기심을 자극했을까? 여러 가지 이유가 있는데, 이는 대부분 잠재의식에 의한 것이다.

나의 호기심을 가장 자극한 부분은 지위에 관한 것이었다. 사운드 시스템이 소리가 좋은 것은 물론이거니와 아름답기까지 하다면, 이는 나의 거실을 더욱 돋보이게 할 것이다. 사람들이 이 장비를 보면서 나에 대해 더 좋게 인식하리라 생각했고(나의 영장류적인 생각으로는 그렇다고 믿었다), 이런 생각을 하기까지는 웹사이트 이미지들의 역할이 아주 컸다. 그것뿐만 아니라 그 멋진 스웨터를 입은 남자는 내가 꿈꾸는 이상적인 모습을 완벽하게 대변하고 있었다. 어느 누가 멋진 스웨터를 입고 알 그린Al Green의 음악을 듣는, 10년은 더 어려 보이는 그 모델처럼 되고 싶지 않겠는가? 기가 막히게 환상적이다!

이 모든 것이 비합리적으로 들린다는 사실을 알고 있지만, 우리의 호기심을 불러일으키는 것들은, 사실 대부분 합리적이지 않다. 사람들은 꼭 합리적인 사고 과정을 거친 후 제품을 구매하거나 후보자에게 투표하고 사회운동에 참여하는 것은 아니다. 조금만 주위를 살펴봐도 이런 경우를 흔히 볼 수 있다.

여하튼 요점은, 사람들의 호기심을 자극하기 위해서는 그들의 생존에 도움이 될 그 무엇과 제품을 연관 지어야 한다는 것이다.

## 🎯 고객은 당신이 아니라, 당신이 자신의 문제를 어떻게 해결할 수 있는지 궁금해한다

회사 대부분은 마치 고객들이 자신에게 관심이 있는 양 자신의 이야기를 떠드는 큰 실수를 저지르고는 한다. 고객들은 당신의 이야기에는 관심이 없다. 그 대신 자신이 마침내 살아남고 승리한다는 이야기에 초대되는 것에 훨씬 큰 관심을 보인다.

마케팅 계획의 첫 번째 단계는 당신의 이야기를 하는 것이 아니라 고객의 이야기가 앞으로 어떻게 더 나아질지 호기심을 자극하는 것이어야 한다.

## 🎯 호기심만으로는 충분치 않다

나는 음향 시스템에 호기심이 생겼지만, 아직 그 비싼 음향 시스템을 구매할 결심은 서지 않았다. 그 제품은 충동 구매할 수 있는 가격이 아니었다. 나는 더 많은 정보가 필요했다.

무의식중에 나는 관계의 두 번째 단계로 진입하고 있었다. 그 제품이 정확히 어떻게 나의 생존 가능성을 높여줄 수 있는지 그 회사가 깨닫도록 해주기를 원했다.

## ☑ 2단계: 깨달음Enlightenment

이는 당신과 고객 사이의 신뢰 관계가 막 시작되는 단계이다. 호기심이 브랜드에 주목하도록 만든다면, 깨달음은 우리를 브랜드와의 관계로 초대한다.

우주의 원리를 이해하는 것과 같은 거창한 의미의 깨달음을 말하는 것이 아니다. 여기서 말하는 깨달음은 무언가가 어떤 식으로 작동하는지 이해하는 정도이다.

깨달은 사람은 이해한 사람이고, 깨닫지 못한 사람은 이해하지 못한 사람이라고 볼 수 있다. 당신은 지질 구조 판이 어떻게 움직이는지 깨달았을 수도 있고 아닐 수도 있다. 이는 물리학, 정원 가꾸기, 신경 과학, 또는 아이스크림을 만드는 방법 등 다양한 분야에 적용될 수 있다. 나의 경우, 아이스크림 먹는 방법을 아는 것을 제외하고는 위의 예시 중 그 어떤 것도 깨닫지 못했다.

만약 고객을 관계의 다음 단계로 초대하고 싶다면, 우리가 고객의 문제를 어떻게 해결하고 어떻게 살아가는 데 도울 수 있는지 그들을 깨닫게 할 필요가 있다.

웹사이트, 이메일, 광고 또는 제품 소개를 통해서 고객의 호기심을 자극했다면 고객의 다음 질문은 아마도 "그래서 어떻게?"일 것이다.

당신이 숙취 해소에 도움이 되는 약을 판다고 가정해보자. 그런데 그 약이 어떤 식으로 작용한다는 것인가? 당신이 세금을 더 걷지 않고도 교육을 개선할 수 있다고 해보자. 그런데 어떻게?

당신이 정원의 성가신 해충들을 안전하게 제거할 수 있다고 하자. 하지만 어떻게?

마케팅의 다음 단계에서는 당신의 제품이 고객의 문제를 어떻게 해결할 수 있는지 고객이 깨닫도록 해야 한다.

여기서 주의할 점은 고객들에게 제품의 작동 원리를 이해시켜야 한다는 말이 아니라는 점이다. 그것은 별로 중요하지 않다. 당신은 그 제품이 <u>고객의 문제를 어떻게 해결해 줄 수 있는지 이해시켜야만 한다.</u>

우리 자신의 이야기나 제품에 대해서 말하는 것이 아님을 절대 잊지 말자. 우리의 제품을 사용함으로써 삶의 질을 향상할 수 있는 여정에 고객들을 초대해야 한다.

여정에 초대된 고객들은 우리가 어떤 도구로 곤경을 면하게 해줄 수 있는지, 그 도구가 정확히 어떻게 그들의 과제 수행에 도움이 되는지 알고 싶어 한다. 만약 우리 제품이 그들을 어떻게 도울 수 있는지 확신이 들지 않는다면, 고객은 제품을 구매하지 않고 그냥 떠나버릴 것이다.

## 🔍 고객들은 안개 속으로 들어가지 않는다

혼란스럽다는 것은 무언가 취약한 상태에 빠졌다는 말이다. 교통 규칙이 완전히 다른 나라에서 운전할 때, 당신의 혼란스러움은 결국 사고로까지 이어질 수 있다. 만약 어떤 열매에 독이 있고 어떤 열매에 독이 없는지 착각한다면, 이는 당신의 목숨을 앗아갈 수도 있다!

인간의 뇌는 무언가를 이해할 때 즐거움을 느끼고 그렇지 않을 때는 두려움이나 저항을 느끼도록 설계되어 있다. 이는 생존을 위한 기본적인 메커니즘이지만, 회사 대부분은 고객과 소통할 때 이를 거의 고려하지 않는다.

사람들은 크고 작은 혼란을 느낄 때, 이를 위험의 신호로 받아들인다. 따라서 사람들은 혼란스러운 상황을 벗어나서 자신이 이해할 수 있고 통제할 수 있다고 느껴지는 쪽으로 이동하려고 한다.

이 원칙은 반복적이고 간단하게 메시지를 잘 전달하는 재주를 지닌 정치인들이 대부분 승리하는 이유이기도 하다. 그들의 선거 공약이 훌륭하거나 유권자들이 공약을 심사숙고하여 이런 결과가 나오는 것이 아니다.

유권자들은 쉽고 간결한 공약을 접하면 이해한다고 느끼게 되고, 더나아가 안전과 생존 욕구를 그 후보자와 연관시키게 되기 때문이다.

그 누구도 혼란스러운 상황을 좋아하지 않는다.

고객들을 이해시키고자 한다면, 불확실성을 제거하고 당신의 제품이 어떻게 그들의 문제를 해결할 수 있는지 명확하게 보여주자.

웹사이트 헤더, 제안서의 첫 문구, 또는 제품 발표문의 첫 문장이 호기심을 자극하기에 충분하다면, 의사소통의 다음 단계에서는 "그래서 어떻게"에 대해 대답해야 한다.

## 당신의 마케팅은 고객을 깨닫게 해야 한다

나는 비즈니스 메이드 심플Business Made Simple의 마케팅 부문인 스토리브랜드StoryBrand를 구축할 때, '웹사이트에 반드시 포함해야 하는 다섯 가지'라는 제목의 리드 제너레이팅 PDF를 활용하였다. 왜냐하면, 나의 잠재적 고객들이 이에 대해 더 많이 알고 싶어 하였기 때문이다. 나는 그들이 사용하는 메시지가 충분히 명확하지 않다는 사실을 납득시킨 후, 이를 어떻게 명확하게 바꿀 수 있는지 특정 예시를 통해 보여주었다. 이 리드 제너레이터는 엄청나게 성공적이었다. 즉, 고객들이 우리 브랜드와의 관계 맺기 여정에서 성공적으로 '다음 단계'로 넘어갔다고 볼 수 있다.

고객을 깨닫게 만드는 방법에는 여러 가지가 있다. 웹사이트의 홍보 문구, 라이브 이벤트, 이메일 시리즈 발송, 동영상 등이 그것이다.

나는 그 스피커 회사에 대해 추가로 검색하면서 창립자가 음파의 작동 방식에 관해 설명하는 동영상을 발견했다. 음파는 실제로 물리적 공간을 차지한다는 설명이었다. 어떤 음파의 파장은 1인치인데, 다른 음파는 2~3인치 정도 되기도 한다. 만약 스피커가 물리적인 음파를 생성하기에 적당할 만큼 넓은 공간을 보유하지 않았다면 파장은 왜곡되고, 결국 좋은 소리를 낼 수 없다는 이야기이다.

이 동영상은 나를 제대로 깨닫게 했다. 우리 부엌의 저렴한 블루투스 스피커가 별로인 것은 당연한 일이었다. 그 스피커는 귀중한 음파를 찌그러뜨리고 있었다!

이 깨달음 후, 나는 그들이 판매하는 고가의 스피커들에서 나오는 소리가 왜 그렇게 훌륭한지를 이해하게 되었다. 그리고 물론 그 스피커를 가지고 싶은 마음은 더욱 간절해졌다.

그 동영상에서 한 가지 아쉬운 점이 있다면, 그 스피커가 나의 생존을 위해 무엇을 해줄 수 있는지 깨닫게 하지 못했다는 점이다. "이런 이유로 친구들이 당신의 현재 음향 시스템에 그다지 감명받지 않았던 것입니다. 만약 당신이 우리의 스피커를 설치한다면, 그들은 분명 깊은 인상을 받게 될 것입니다"라는 간단한 말을 덧붙였다면, 그 회사는 분명 더 높은 매출을 올렸을 것이다. 왜냐고? 그 큰 확성기 모양의 스피커는 단지 음악을 들을 수 있도록 해주는 것을 넘어서, 분명히 내가 나의 무리에게 공헌하고 긴밀한 유대를 맺을 수 있도록 해주기 때문이다.

마케팅 캠페인을 기획할 때, 고객의 호기심을 자극한 후 당신이 어떻게 고객의 문제를 해결하고, 생존을 돕고, 삶을 개선할 수 있는지에 관해 고객이 충분히 깨달을 수 있도록 하는가?

이를 실행하는 방법은 이 책에서 단계별로 설명할 것이다. 하지만 관계의 첫 두 단계만 아는 것으로는 충분치 않다. 이제 고객들과 신뢰할 만한 관계를 맺었으니, 우리는 그들에게 헌신해 달라고 요청해야 한다.

## ☑️ 3단계: 헌신Commitment

이 단계는 고객이 위험한 결정을 내려야 하는 시점이다. 고객이 주문하지 않는 주된 두 가지 이유는 다음과 같다.

- ☑ 브랜드가 제품을 구매해 달라고 요청하지 않는다.
- ☑ 브랜드가 너무 일찍 구매해 달라고 요청한다.

관계에서 너무 일찍 헌신을 요청하면 거절당할 것이 뻔하다. 헌신한다는 것은 어느 정도 위험을 감수하는 것이고, 이는 우리의 생존 메커니즘에 반하는 일이기 때문이다.

고객의 호기심을 불러일으킨 후 제품의 유용성을 점차 깨닫게 한다면, 고객이 느끼는 위험 의식이 낮아지면서 그들의 귀중한 돈을 우리 제품 구매에 사용할 확률이 높아질 것이다.


## 🔍 타이밍이 가장 중요하다

아내를 처음 만났던 날, 나는 그녀와 결혼하고 싶다고 느꼈다. 실제 우리는 결혼했다. 물론 훨씬 나중에 말이다. 하지만 우리가 만난 그날 아침, 내가 할 수 있는 것은 참을성 있게 기다리고 천천히 다가가는 것이 전부였다.

나는 정부의 프로젝트팀에서 일하며 워싱턴주를 자주 방문했었고, 그녀는 내가 머물던 호텔에서 일하고 있었다. 우리가 처음 만난 날 아침, 나는 긴장한 상태로 그녀와 테이블에 앉아 이야기를 나누면서 커피를 쏟지 않기 위해 안간힘을 썼다. 다행히 나는 커피를 쏟지 않았고, 그녀 역시 나와 계속 연락을 이어갈 마음이 있다는 것을 확인할 수 있었다.

하지만 나는 이 기회를 망치고 말았다. 우리는 다음 한 달 동안 이메일을 주고받았지만, 나는 한 번도 내 의도를 그녀에게 정확히 알리지 않았다. 내가 그녀에게 데이트를 신청하지 않았기 때문에, 그녀는 내가 단순히 친구가 되기를 원한다고 생각했고 다른 사람과 데이트를 하기 시작했다. 이 실수를 만회하기까지는 거의 3년이라는 시간이 걸렸다.

나는 그녀와의 대화가 정말 즐거웠으며, 워싱턴을 방문할 때마다 데이트하고 싶다는 것을 진작 말했어야 했다. 내가 그렇게 말했더라면, 나의 위대한 사랑 이야기는 더 일찍 시작되었을 것이다.

내가 그녀에게 데이트를 신청하지 않은 이유는, 회사 대부분이 고객들에게 구매(헌신)를 요청하지 않는 것과 같다. 거절당하는 것을 두려워하고 지나치게 밀어붙이다가 내쳐지고 싶지 않기 때문이다.

하지만 적절한 시기가 되어서도 의도를 명확히 하지 않으면, 그 관계를 잃게 된다.

우리는 종종 수동적인 것이 고객을 존중하는 방법이라고 믿는다. 고객을 귀찮게 하고 싶지 않다는 이유로 구매를 요구하지 않는다. 그러나 고객들로부터 "나는 그 브랜드를 정말 좋아하긴 해. 그런데 친구처럼 친근하지만, 그 제품을 구매하고 싶지는 않아. 대신 나는 경쟁 브랜드에서는 많이 구매하곤 해"라는 이야기는 절대 듣고 싶지 않을 것이다.

무식한 사람이 성급하게 움직여 일을 그르친다고 현자들은 말하지만, 현명한 사람들도 결국 언젠가는 행동을 개시해야만 한다.

## 🔍 행동하라, 다만 천천히 하라

웹사이트에 '바로 구매' 버튼을 만드는 것은 구매를 강요하는 것이 아니다. 고객들은 이 관계가 어떤 관계인지 알고 싶어 하는 경향이 있으며, 당신은 그들에게 이 관계는 본질적으로 매매가 수반되는 비즈니스 관계임을 알릴 필요가 있다. 고객들은 당신이 솔직하다는 점을 더 높게 평가할 것이다. 웹사이트에 '바로 구매' 또는 '사전 예약'과 같은 버튼을 배치함으로써, 고객들은 초대받은 이 관계가 어떤 종류의 관계인지 제대로 이해하게 된다.

판매를 유도하려고 친근함을 가장한 기업은 거짓말쟁이나 스토커로 간주될 수 있다. 비즈니스 리더로서 고객이 신뢰할 수 있는 조언자가 되는 것이 바람직하다. 그리고 고객들은 신뢰할 수 있는 조언자를 무척 좋아한다. 우리가 그들의 부모나 배우자의 자리를 대신하자는 것이 아니다.

이 책의 후반부에서 웹사이트 와이어 프레임에 관해 설명할 때, 너무 강요하지 않으면서 구매를 요청하는 방법을 다룰 것이다.

강요하는 것은 분명 문제다.

영업적인 관계로 너무 빨리 진행되면 고객들은 위협적이라고 느끼게 된다. 구매한다는 것은, 새로운 자원이 생존 가능성을 더 높여줄 것이라는 기대로 기존에 소유하던 자원(돈)을 포기하는 것이기 때문이다. 만약 이러한 계산이 잘못된 경우에는 구매하기 전보다 더 큰 위험에 처하게 된다.

이런 이유로 대부분은 차를 사려고 자동차 매장을 방문할 때 영업사원이 황급히 달려 나와 맞이하는 것을 별로 선호하지 않는다. 누구도 자신의 자원을 포기하는 거래를 할 때 '속임수'에 넘어가고 싶어 하지 않는다. 고객은 자신의 생존을 도우면서 가능하면 큰 가치를 줄 수 있는 상품을 찾는 여정에 초대받고 싶어 한다.

이는 사회적 관계에서도 마찬가지이다. 관계에서 헌신을 약속하는 데는 시간이 걸린다.

헌신하는 데 시간이 필요한 이유는 무엇일까? 왜냐하면, 헌신은 계산된 위험을 감수해야 하는 관계의 첫 단계이기 때문이다. 헌신은 자원을 직접 투자하는 단계이다.


## 🎯 성급히 맺은 관계는 해롭다

어릴 때 우리가 어떻게 관계를 맺었는지 기억해보자. 이번 주에는 이 친구와 가깝게 지내다가 다음 주에는 또 다른 아이와 친하게 지내곤 했다. 또한, 성급하게 이 관계에서 저 관계로 옮겨가고, 쉽게 사랑에 빠졌다가 쉽게 질리고는 했을 것이다. 우리는 나이가 들면서 관계를 맺고 끊는데 좀 더 신중해지며 더욱 건강한 관계를 맺게 된다.

만약 어떤 성인이 매달 새로운 사람과 사랑에 빠진다면, 대부분은 이 사람을 비정상적이라 여기고 그와 함께하는 위험을 감수하고 싶어 하지 않을 것이다.

우리가 계약을 빨리 체결하려고 하거나 거래를 너무 서두르면, 고객은 무언가 수상하다는 것을 감지하게 된다.

세일즈 퍼널을 구축할 때 고객들이 나중에 후회할 결정을 하도록 속임수를 쓰거나 강요하는 식의 방법을 절대 택해서는 안 된다. 단 몇 달이 아니라 오랫동안 사업을 유지하고 싶다면, 반드시 지켜야 하는 원칙 중의 하나이다.

만약 고객들에게 강매를 요구하면, 고객들의 불만을 사게 되거나 그들로부터 거센 항의를 받게 될 수 있다. 이런 고객들의 불만과 항의가 고객 센터에 빗발친다면 판매로 인한 수익보다 훨씬 더 큰 문제들을 초래할 수 있다.

만약 당신과 고객의 관계가 적절한 속도로 발전하고 있다면, 비록 고객이 준비되지 않은 상태에서 당신이 구매를 요청하더라도 거래 관계가 완전히 중단되지는 않을 것이다. 언제나 고객의 호기심을 자극하면서 제품을 더 잘 이해할 수 있도록 돕는다면, 설사 고객이 지금 당장은 판매 제안을 거절할지라도 나중을 위해 제품에 대한 더 많은 정보를 요청할 수 있다.

온택트 마케팅뿐만 아니라 모든 마케팅의 핵심은 자연스럽고 건전하게 고객과 소통하며, 다가가는 속도를 차근히 조절하면서 관계를 맺어가는 것이다.

## 🎯 좋은 관계를 형성하기 위해서는 고객과의 접점을 유지해야 한다

그렇다면 어느 정도가 적절한 속도일까? 나는 고객이 제품을 주문하기 전에 여덟 번의 접점을 경험할 필요가 있다고 생각한다.

여기서 '접점Touchpoint'이란 이메일과 첨부한 마케팅 자료, 웹사이트 방문, 라디오 광고 등을 의미한다.

슬픈 소식은, 당신의 접점이 고객에게 여덟 번 도달하기 위해서는 스팸으로 분류되거나 무시당할 수 있는 수십 번의 시도를 해야 한다는 것이다. 단지 고객의 눈길 한 번을 받기 위해서 50번 넘게 접촉을 시도해야 할 수도 있다.

제품의 가격이 저렴할수록 더 적은 횟수의 접점에도 고객이 충동적으로 구매할 가능성이 크다. 반면 가격이 높은 제품의 경우, 고객들은 실제 위험을 감수하기 전에 더욱더 많은 정보를 얻고자 하는 경향이 있다.

고객과의 관계를 유지하는 가장 좋은 방법은 고객에게 이메일을 보내는 것이다. 이메일 캠페인의 종류에 따라, 고객의 호기심을 불러일으키거나 제품의 이점을 깨닫게 하고, 결국은 구매라는 행동을 취하도록 촉구하게 된다.

이 책의 이메일 섹션에서는 이 세 가지를 모두 끌어낼 수 있는 이메일을 작성하도록 도와줄 것이다. 가장 중요한 것은 결국 구매하도록 하는 이메일이다.

고객과의 신뢰 관계를 구축하는 과정, 그리고 구매가 실제 일어나는 과정 모두 이메일을 통해 충분히 일어날 수 있다.

판매하는 모든 제품에 대해 이메일 캠페인을 해야 한다. 그리고 마케팅 담당자는 이메일 캠페인의 다양한 단계에서 고객과 소통해야 한다.

## 세일즈 퍼널이 관계의 속도를 결정한다

관계를 형성해가는 과정에서, 첫 번째 데이트에서는 결코 언급하지 않을 이야기를 네 번째 혹은 다섯 번째 만남에서는 꺼내곤 한다. 친밀감과 신뢰를 형성하는 데는 시간이 필요하다.

다음 Chapter부터는 자연스럽고 안전한 방식으로 고객과 신뢰를 쌓아나갈 수 있는 세일즈 퍼널 생성 과정을 자세히 안내할 것이다.

세일즈 퍼널을 만들면, 이를 통해 고객의 호기심을 자극하고 그들을 깨닫게 하여 결국 헌신(구매)을 요청할 수 있다. 당신은 다양한 세일즈 퍼널을 통해 이 과제들을 수행하게 될 것이며, 이 중 일부는 어느 정도 중복될 수도 있다. 하지만 적절히 거리를 두며 고객의 자율성을 존중하였기 때문에, 고객은 당신의 브랜드와 소통하는 이 과정을 즐길 것이다.

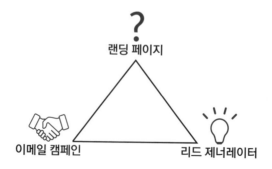

## ⏺ 마케팅 캠페인의 강도를 측정하라

웹사이트, 썸네일, 제안서의 첫 페이지, 제품 소개 멘트 등에서 고객의 호기심을 불러일으키고 있는가?

고객의 문제를 어떻게 해결하고 그들의 생존을 어떻게 도울 수 있는지에 대해 고객들이 충분히 깨닫게 함으로써 신뢰를 얻고 있는가?

추가 혜택 제공이나 직접적인 구매 요청으로 고객의 주문을 유도하고 있는가?

세일즈 퍼널을 구축하면 고객들을 신뢰할 수 있는 관계로 초대할 수 있다. 그들은 이 관계를 안전하고, 일관되며, 유용하다고 느낄 것이다.

사람들은 다른 사람과 사랑에 빠지는 것과 같은 원리로 브랜드와 사랑에 빠지게 된다. 브랜드는 사람들이 생존하도록 돕고 사회적, 감정적, 또는 금전적인 투자에 대해 높은 수익으로 되돌려준다.

만약 신뢰를 구축하는 과정의 상당 부분을 자동화할 수 있다면? 당신 혹은 당신의 영업사원이 잠재적인 고객과 마주하게 되었는데, 고객은 이미 당신의 브랜드와 네 번째 또는 다섯 번째 만남이라고 느낀다면 어떨까?

만약 고객과 소통을 시작할 즈음에 고객이 이미 상당한 호기심을 가진 상태로 당신의 브랜드가 자신들의 문제 해결에 어떻게 도움이 될지 충분히 이해하고 있다면, 당신의 매출은 얼마나 증가할까?

고객들은 얼마든지 당신의 브랜드와 사랑에 빠질 수 있다. 그들을 관계로의 여정에 초대하고, 각 단계를 적절한 속도로 밟아가자.

Marketing Made Simple 체크리스트가 그 방법을 알려줄 것이다.

# Chapter 3

# Marketing Made Simple 체크리스트 소개

많은 회사가 브랜딩Branding을 마케팅과 혼동하고 이로 인해 수십억 원의 손해를 본다.

브랜딩은 고객들이 그 브랜드에 대해 어떻게 느끼는지에 영향을 주는 반면, 마케팅은 어떤 특정 제안을 고객들에게 제시하는 것을 의미한다.

브랜딩은 글꼴, 색상 및 디자인과 관계가 있지만, 마케팅은 적절한 문구를 이용하여 고객의 호기심을 자극하고 결국 구매를 끌어내는 행위이다.

대부분은 브랜드의 디자인과 느낌에 관해서는 많은 관심을 기울이면서 정작 고객들이 실제로 찾는 정보, 즉 고객들이 겪고 있는 문제의 해결책에 관해서는 잘 언급하지 않는 경향이 있다.

당신이 NFL 풋볼 코치라고 가정해보자. 만약 당신이 팀의 기본기를 훈련하는 대신 새로운 팀 로고나 티셔츠 디자인, 응원 도구 구상에 90% 이상의 시간을 할애하고 있다면?

유니폼이 아무리 멋있게 제작되더라도 당신의 팀은 패배하고 말 것이다.

우리는 마케팅보다 브랜딩이 더 중요하다고 생각하기 쉽다. 슈퍼볼 시청 중에 방송하는 새로운 코카콜라 광고는 우리를 금방 감상적으로 만든다. 이처럼 사람들이 우리 회사에 대해 좋은 느낌을 갖기를 바란다. 우리가 깨닫지 못하는 것은 코카콜라가 브랜드 이름이라는 사실이다. 콜라는 19세기에 발명되었고, 20세기 초에 아주 훌륭하게 홍보되었다. 코카콜라가 무엇인지 전 세계에 알리는 데 수천억 원이 소요되었다. 콜라는 브랜드 친숙도가 매우 중요한 제품이므로 마케팅보다 브랜딩에 더 큰 노력을 기울일 필요가 있었을 것이다.

자, 이번에는 일 년에 한 번만 오일을 갈아도 되는 새로운 자동차 부품을 개발한 회사가 있다고 한번 생각해보자. 이는 아주 훌륭한 제품임이 틀림없다. 오일을 교체할 때마다 최대 25,000km를 주행할 수 있다고 가정해보자. 정말 놀라운 일이다. 문제는 아무도 이 회사에 대해 들어본 적이 없다는 것이다. 신생 회사의 흔한 실수는 제품을 '마케팅'하는 대신 회사를 '브랜딩'하는 데 집중한다는 것이다.

초보 마케팅 담당자는 언뜻 보기엔 그럴싸해 보이는 '시간 절약, 비용 절감'과 같은 슬로건을 사용하고 싶을지도 모른다. 그러나 다시 생각해보자. 외부 사람들에게 이는 눈에 들어오지 않는 문구일 뿐이다. 당신이 운전하다가 길가의 큰 광고판에서 처음 보는 회사의 로고와 커다랗게 적힌 '시간 절약, 비용 절감'과 같은 문구를 보았다고 가정해보자. 만약 그 제품이 무엇을 할 수 있으며 어떤 문제를 해결해줄 수 있는지 잘 모르고 있다면, 그 광고의 문구가 당신에게 어떤 의미가 있겠는가? 아무 의미도 없다! 사람들은 광고판을 자세히 들여다보려고 차를 길가에 세우지 않는다. 그들은 시속 100km의 속도로 지나갈 뿐이다. 그런 광고판에는 '일 년에 한 번만 교체하면 되는 오일!'이라는 문구가 적혀 있어야만 한다.

# 눈에 띄지 않는 존재가 되지 마라

브랜드 대부분은 눈에 띄지 않는 첫인상을 만든다. 이것이 나쁜 첫인상을 남긴다는 것은 아니지만, 좋은 첫인상이라고 말할 수도 없다. 그냥 눈에 띄지 않는 것이다.

우리와 같이 일했던 한 영양 보조 식품 회사는 그들의 제품이 고객들을 더 활기차게, 더 만족스럽게 만든다고 소개하였다. 멋진 표현이긴 하지만, 이는 교회, 임원 코칭, 체육관 또는 어린이집에도 적용될 수 있는 표현이기도 하다. 이러한 문구들은 한쪽 귀로 들어왔다가 그냥 다른 쪽 귀로 나가버리는 전형적인 홍보 문구라고 볼 수 있다. 이런 것이 바로 눈에 띄지 않는 첫인상이다.

고객으로서 매일 접하는 수많은 눈에 띄지 않는 첫인상을 생각해보자. 얼마나 많은 광고판을 쳐다보지도 않은 채 그냥 지나쳐 버리는가? 전혀 주의를 기울이고 있지 않은 상태에서 얼마나 많은 광고가 TV나 라디오에서 방송되고 있는가? 이렇게 쉽게 잊힐 광고들을 전 세계에 내보내는 데 얼마나 많은 돈이 쓰였을지 생각해보라.

내가 보기에 50% 이상의 광고들이 이런 실수를 저지른다. 너무 많은 업체가 누구에게도 주목받지 못하는 광고를 만들고 있다.

# 우리가 앞으로 설명할 마케팅 기법은 당신의 제안을 사람들이 기억하게 할 것이다

세일즈 퍼널이 해야만 하는 매우 중요한 한 가지는 고객들이 당신의 제안을 기억하도록 만드는 것이다.

좋은 마케팅은 기억해야 할 것을 고객들에게 암기하도록 하며, 성공적인 브랜드는 이것을 잘 알고 있다.

원라이너, 랜딩 페이지, 이메일 및 홍보물을 통해 동일한 방식으로 동일한 이야기를 반복하는 것은 브랜드를 고객의 마음속에 각인시키는 데 도움이 된다.

나는 단 15분 만에 가이코GEICO라는 자동차 보험회사가 보험료를 최대 15% 절약하게 해준다는 사실을 파악하였다. 어떻게 이를 알게 되었을까? 그들의 마케팅은 우리가 암기 연습을 하도록 만들었고, 이로 인해 그들의 제안을 기억하게 되었기 때문이다.

당신의 세일즈 퍼널을 경험한 고객들은 당신이 전달하고자 하는 핵심 포인트를 기억하게 될 것이다. 그리고 고객들이 핵심 포인트를 기억할 때, 당신은 그들의 뇌에서 중요한 한 부분을 차지하게 된다. 고객들은 당신이 왜 그들의 스토리에서 중요한지 알게 될 것이며, 친구들에게 당신의 중요성에 관해 이야기할 수도 있다.

입소문을 내는 데 핵심적인 요소는 당신의 제품이나 서비스에 대해 사람들이 쉽게 떠올리고 말할 만한 매우 단순한 그 무언가를 제공하는 것이다.

세일즈 퍼널을 만들기 전에, 고객들에게 알리고 싶은 브랜드의 특징 서너 가지를 생각해보자.

스토리브랜드 프레임워크StoryBrand Framework를 이해한다면 이는 간단하다. 브랜드 각본에서 썼던 문구들을 사용하여 당신의 세일즈 퍼널을 구성하라. 스토리브랜드 프레임워크에 대해 잘 모른다면, 다음 질문들에 답해보자.

&#x24BD; 고객을 위해 어떤 문제를 해결하는가?
&#x24BD; 고객이 당신의 제품을 구매하면 삶이 어떻게 바뀌는가?
&#x24BD; 당신의 제품은 고객이 어떤 나쁜 결과를 피하는 데 도움이 되는가?
&#x24BD; 제품을 구매하기 위해서는 어떻게 해야 하나?
  ('바로 구매' 버튼을 클릭해야 하나? 전화로 해야 하나?)

위의 질문들에 대한 대답은 짧고 간결하며 이해하기 쉬워야 한다. 고객들은 혼란에 빠지고 싶어 하지 않는다는 사실을 기억하자.
만약 치과 의사라면 다음과 같이 말할 수 있을 것이다.

[ex] &#x24BD; 더 예쁘게 미소지을 수 있을까요?
  &#x24BD; 아름다운 미소로 행복해질 수 있습니다.
  &#x24BD; 오늘 진료를 예약하세요.

무척 간단한 것처럼 느껴지겠지만, 우리가 일상에서 접하는 수많은 브랜드는 그들이 정확하게 고객에게 무엇을 제공하며, 고객의 삶을 어떻게 개선할 수 있는지를 제대로 전달하지 못하고 있다.
광고 문구는 미사여구를 사용하는 대신 명확하게 만들어야 한다. 메시지를 단순화하고 동일한 문구를 지속해서 반복하면, 고객들은 결국 당신의 제품이 자신들의 삶 어느 부분에서 쓰일 수 있을지 알아낼 것이다.

# Marketing Made Simple 체크리스트

당신의 세일즈 퍼널은 각종 광고 사이를 뚫고 고객에게 직접적으로 전달될 수 있어야 한다.

세일즈 퍼널은 마케팅 전체를 위한 기본 토대이다. 따라서 세일즈 퍼널을 구축하고 나면 모든 광고 캠페인은 이 세일즈 퍼널을 지원해야 한다. 그러면 세일즈 퍼널을 통해 제품 또는 서비스의 판매가 일어날 것이다.

세일즈 퍼널에는 여러 종류가 있다. 제대로만 만든다면 이들 모두 효과가 있을 것이다. Marketing Made Simple 체크리스트는 우리가 찾은 최고의 방법들을 모은 것으로, 1만 개 이상의 기업이 효과적으로 마케팅 캠페인을 만드는 데 도움을 주었다.

앞으로 우리와 함께 만들 이 실용적인 도구들은 고객이 관계의 세 단계를 차례차례 밟을 수 있도록 안내할 것이다. 고객의 호기심을 자극할 원라이너, 당신이 해결할 문제에 대한 궁금증을 더욱 불러일으킬 웹사이트 및 랜딩 페이지의 와이어 프레임, 당신의 제품과 서비스가 어떻게 고객에게 도움이 되는지 깨닫게 하는 리드 제너레이터, 고객과 신뢰를 구축하는 이메일 캠페인, 구매를 요청하되 귀찮거나 거슬리지 않는 판매 촉구 이메일과 행동 촉구Calls to Action 등을 만들 수 있도록 우리가 여기서 돕고자 한다.

세일즈 퍼널은 다음의 5가지 파트로 이루어진다.

판매 촉구 캠페인Sales Campaign
고객 육성 캠페인Nurture Campaign
리드 제너레이터Lead Generator
웹사이트Website
원라이너One-liner

| 호기심Curiosity | 깨달음Enlightenment | 헌신Commitment |
|---|---|---|
| 원라이너<br>웹사이트 | 리드 제너레이터<br>고객 육성 이메일 캠페인 | 판매 촉구 이메일 캠페인 |

다음 Chapter부터는 마케팅 세일즈 퍼널을 만드는 방법에 관해 단계별로 자세히 소개하고자 한다. 하나하나 따라 할 수 있도록 구성한 체크리스트는 무엇이 필요한지 확인하고, 제대로 만들고 있는지 점검할 수 있도록 해줄 것이다.

우선 원라이너와 웹사이트를 통해 당신의 비즈니스에 대한 고객의 호기심을 키우는 것부터 시작한다. 그다음 리드 제너레이터와 고객 육성 이메일을 통해 고객들을 깨달음 단계로 안내한다. 마지막으로, 판매 촉구 이메일 시리즈를 보냄으로써 고객에게 구매를 요청한다. 체크리스트를 통해 만들어질 이 모든 것은 고객과의 관계를 구축하고, 결국 제품 판매로 이어지도록 해줄 것이다.

Part 2의 각 Chapter는 각각의 세일즈 퍼널이 필요한 이유, 단계별 작성 방법 및 실제 실행 방안을 설명한다.

Chapter 10에서는 실행 방법을 설명하며, 당신의 팀이 세일즈 퍼널을 함께 만들 수 있도록 회의 일정과 안건을 포함한 완벽한 계획표를 제공한다.


## 실행이 핵심이다

우리는 최근에 한 리서치 회사에 의뢰하여 수천 명의 클라이언트를 대상으로 메시지를 명확하게 설정하고 효과적인 마케팅을 실행하여 크게 성공한 이들을 찾아내기 위해 설문조사를 시행하였다.

이 설문조사에서 성공한 기업들이 보인 가장 큰 차이점은 무엇이었을까? 그것은 기업 규모, 배경, 교육 수준 또는 사업 유형과 아무런 관련이 없었다. 가장 큰 수익 성장 속도를 보인 회사, 마케팅 자료를 만드는 데 큰 어려움을 느끼지 않은 회사, 그리고 마케팅에서 많은 시간과 돈을 절약한 회사는 바로 이 책의 마케팅 계획을 실제로 실행한 회사들이었다. 그 회사들의 성장에 통계적으로 유의미한 영향을 준 유일한 것은 바로 그들이 프레임워크를 어떻게 구현하였는가였다.

설문 응답지를 분석한 결과, 성공 수준과 체크리스트에 포함된 전체 마케팅 수단의 실행 여부 사이에는 현저한 상관관계가 있었다. 전체뿐만 아니라 개별 마케팅 영역에서도 이러한 양상이 보였다. 성공한 모든 영역에서도 역시 같은 양상을 보였다. 체크리스트의 한 부분을 실행하는 것만으로도 긍정적인 결과를 얻은 것으로 나타났지만, 더 많은 부분을 실행함으로써 더욱더 긍정적인 결과를 얻었던 것을 알 수 있었다. Marketing Made Simple 체크리스트를 철저하게 실행했던 회사일수록 직원들은 마케팅 메시지를 완성하는 데 더욱 확신하게 되었고, 따라서 마케팅 자료 작성에 더 많은 시간과 돈을 절약할 수 있게 되었다.

가장 중요한 것은 Marketing Made Simple 체크리스트를 더 많이 실행한 회사일수록 더 많은 돈을 벌었다는 사실이다.

아래 그래프들을 보면, 마케팅 전반에 걸쳐 체크리스트를 더 많이 실행한 회사일수록 더 빠르게 성장했고, 팀원들이 마케팅에 자신감을 가지면서 더욱더 많은 시간을 절약하였다는 사실을 확인할 수 있다.

이 데이터는 Marketing Made Simple 체크리스트가 실제 효과 있을 뿐만 아니라, 모든 사람이 그 효과를 볼 수 있음을 보여준다.

단지 이를 실행하기만 하면 된다.

만약 나와 J.J. 박사가 Marketing Made Simple 체크리스트에 관해 설명하는 것을 동영상으로 보고 싶다면, BusinessMadeSimple.com에 접속해 온라인 플랫폼에 등록하면 된다. 'Marketing'이라는 코드를 사용하면 1+1 이벤트를 통해 당신과 당신의 팀원 전체가 온라인 플랫폼을 반값에 이용할 수 있다.

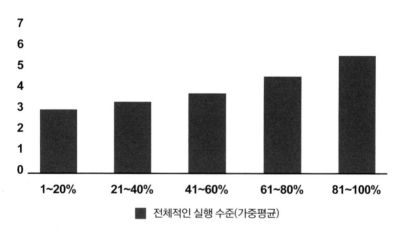

'스토리브랜드 메시징이 우리 조직의 성장에 직접적으로 기여했다.'

■ 전체적인 실행 수준(가중평균)

체크리스트 실행과 기업 성장의 관계에 관한 그래프

이 책을 보고 혼자 실행하든, 전문가를 고용하든, 아니면 우리의 동영상을 보고 학습하든 간에 세일즈 퍼널을 끝까지 실행하겠다는 결심을 한다면 당신은 분명 좋은 결과를 기대할 수 있을 것이다.

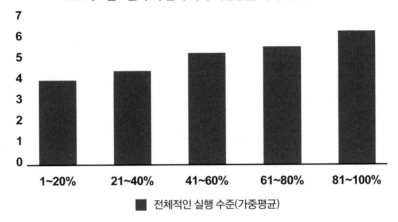

'스토리브랜드는 우리 팀이 더욱 자신감을 가지게 해주었다.'

■ 전체적인 실행 수준(가중평균)

체크리스트 실행과 팀 자신감의 관계에 관한 그래프

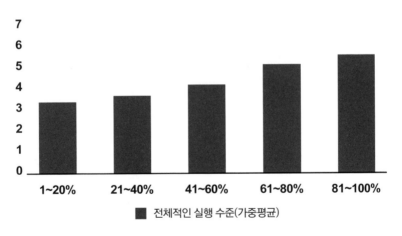

'스토리브랜드는 우리의 시간을 절약해주었다.'

■ 전체적인 실행 수준(가중평균)

체크리스트 실행과 시간 절약의 관계에 관한 그래프

MARKETING
MADE
SIMPLE

온택트 마케팅

# Marketing Made Simple
# 세일즈 퍼널을 만들어라

# Marketing Made Simple
# 세일즈 퍼널을 만들어라

두 번째 Part에서는 세일즈 퍼널을 구축하는 데 사용되는 다섯 가지 마케팅 도구의 구성 과정을 단계별로 자세히 보여줄 것이다.
당신이 구축하게 될 마케팅 도구는 다음과 같다.

- ✓ 원라이너One-liner
- ✓ 웹사이트Website 또는 랜딩 페이지Landing Page
- ✓ 리드 제너레이팅 PDFLead-generating PDF
- ✓ 고객 육성 이메일 캠페인Email Nurture Campaign
- ✓ 판매 촉구 이메일 캠페인Email Sales Campaign

이 다섯 가지 마케팅 도구를 만들어서 활용하면, 당신의 사업은 성장하기 시작할 것이다.

물론 이 과정을 끝까지 완수하고자 하는 결심이 필요하다. 당신이 CEO이든 아니면 부서장이든 간에, 세일즈 퍼널을 구축하고 마케팅 계획을 실행하는 법을 배우고 나면, 다른 수많은 마케팅 전문가보다도 한발 앞서 나가게 될 것이다. 마케팅 에이전트 대부분은 마케팅을 과학이 아니라 예술이라고 생각하지만, 우리는 이에 동의하지 않는다. 물론 예술과 관련된 부분도 있지만, 마케팅은 아주 과학적이다. 당신이 배울 만한 수준의 과학 말이다.

오늘부터 나는 당신을 파트타임 마케터로 임명하고자 한다. 당신의 직업이 무엇이든 간에, 직무란에 '파트타임 마케터'를 추가하라. 그리고 이 책에서 배운 마케팅 계획을 구축하고, 완벽하게 다듬은 후 실행해보라.

물론 그 과정을 즐겨야 한다는 것을 잊지 말자.

자 그럼, 효과적인 마케팅 계획을 세워보자.

# Chapter 4

# 원라이너를
# 만들어라

*당신의 사업을 성장시킬 단 하나의 마법의 문장*

마법 주문은 정말 존재한다.

어렸을 때, 다들 한 번쯤은 뒤뜰에 있는 나무 막대기로 마술 지팡이를 만들어서 가지고 놀지 않았던가? '수리수리마수리' 같은 마법 주문을 외치며 우주의 힘을 빌려 고양이를 토끼로 변신시키려고 한 적 없는가?

당신은 어땠는지 모르겠지만, 내 고양이는 단 한 번도 토끼로 변하지 않았다.

물론 나는 동생의 죽은 금붕어를 살아나게 한 적은 있다. 그건 정말 놀라운 일이었다. 교회에 다녀온 어느 날 오후, 우리는 금붕어가 어항 위에 둥둥 떠 있는 것을 발견했다. 숟가락으로 뒷마당에 구멍을 파면서 짧은 기도문을 외는 순간, 그 금붕어가 파닥거리기 시작했다.

이 금붕어 사건(지금까지 나는 이를 신앙요법이었다고 생각하고 있다) 말고는 나의 그 어떤 마법 주문도 통한 적이 없다.

큰삼촌의 장례식장에서 삼촌이 관 뚜껑을 열고 다시 살아나기를 빌면서 눈을 부릅뜬 채 엄청난 집중력을 발휘하였지만, 아무 일도 일어나지 않자 나는 희망을 버렸다.

그 후로 나는 마법을 믿지 않았다.

원라이너의 힘을 발견하기 전까지는 말이다.

# 말이 세상을 만든다

우리의 세상은 말로 이루어져 있다. 인간이 만든 모든 것은 한 사람이 다른 사람에게 건넨 "여기 벽을 세우면 어떨까?" 또는 "빨간색으로 칠하자"와 같은 말에서부터 시작되었다.

말은 물리적인 세계뿐만 아니라 우리가 인식하는 세계를 창조한다.

누군가가 왕과 왕비라는 단어를 만들었는데 어떤 특정 성씨인 사람들을 왕 또는 왕비라고 부르게 되면서, 우리는 그들을 다른 사람들보다 더 중요하다고 인식하게 되었다.

우리가 알고 있는 이 세상은 말로 인해 제 모습을 갖추고 있는 것이라 볼 수 있다. 계급, 주택 시장, 로맨스, 세계 협약 등의 단어들은 모두 말이 있어서 가능한 개념이다.

모세Moses는 신의 숨결에 의해 이 세상이 창조되었다고 하였다.

역사 속 기원 이야기에는 항상 말로써 인간을 창조한 신이 존재한다. 망치, 칼, 굴삭기도 말보다 더 강력하지 않다.

그렇지만, 우리는 일상에서 말을 경솔하게 사용한다. 더 나은 삶을 위해 사용할 수 있는 말들도 우리는 제대로 표현하고자 노력하지 않는다.

# 자물쇠를 따는 말

내 친구 래니는 자물쇠를 따는 취미가 있었다. 그는 조각 퍼즐뿐만 아니라 머리를 써서 푸는 두뇌 퍼즐을 즐겼는데, 자물쇠를 따면서 머리를 식히곤 한다고 말했다.

그는 도구 세트와 속이 보이는 투명 자물쇠 세트를 구매하여 어떻게 하면 도구로 자물쇠 레버를 풀 수 있는지 연습하였다.

이 취미는 여러모로 빛을 발휘하였다. 일 년에 몇 번씩 다른 사람의 잠긴 차 문을 열어주거나, 열쇠를 잃어버려서 잠긴 호텔 방문을 열어야 할 때 그의 취미는 유용하게 사용되었다. 한번은 아이티Haiti의 활주로에서 키를 안에 둔 채로 비행기 문을 잠근 파일럿을 위해서 비행기 문을 따주기도 하였다!

나는 여전히 마법을 믿지는 않지만, 올바른 순서로 올바른 말을 하는 것은 다른 사람 뇌의 자물쇠를 따게 해준다고 믿는다. 우리는 다만 약간의 도움이 필요할 뿐이다. 도구와 과정 같은 것 말이다.

마법처럼 문을 여는 데 이용할 수 있는 가장 강력한 도구는 원라이너이다.

# 문을 여는 말

원라이너는 당신이 제공하는 것을 명확하게 설명하는 데 사용하는 간결한 표현이다. 이는 고객들이 브랜드에 대해 호기심을 갖도록 할 수 있는 가장 강력한 도구이다.

원라이너는 파티에서 사람들이 흥미를 잃지 않고 이야기에 귀 기울이게 만든다.

원라이너라는 개념은 Marketing Made Simple 프레임워크만의 독특한 것이지만, 우리가 원조는 아니다.

이는 할리우드에서 비롯되었다.

시나리오 작가는 영화 각본을 쓸 때, 투자자들의 흥미를 돋우기 위해서 영화에 대한 설명을 단 한 문장으로 표현해야만 한다. 각본이 영화로 완성되어 극장에서 상영될 때쯤이면, 이 원라이너는 관객들의 발걸음을 극장으로 향하도록 하는 데 이용된다.

오늘 저녁에 보러 갈 영화를 결정하기 위해 스마트폰을 스크롤하고 있다면, 당신이 보고 있는 것은 바로 원라이너이다. 로그라인Logline이라고도 불리는 원라이너는 다른 사람들에게 소개하고자 하는 이야기를 한 문장으로 묘사한 것이다.

만약 원라이너가 혼란스럽거나 이해하기 어렵다면, 제작사는 수십억 원의 손해를 입게 될 것이다.

아무리 영화가 훌륭하더라도 원라이너가 별로라면 그 영화는 실패할 수도 있다.

몇몇 사업가가 마케팅보다는 제품 생산에 더 재능이 있는 것처럼, 몇몇 시나리오 작가는 줄거리가 무엇이고 그것이 왜 중요한지 표현하는 것보다 영화 각본 자체를 쓰는 데에만 능력이 뛰어나다.

하지만 금전적으로 성공하기 위해서는 두 가지 모두 잘해야 한다.

# 원라이너를 만드는 방법

원라이너는 문제, 해결책, 결과의 세 부분으로 구성된다.
성공적인 원라이너를 만드는 데 필요한 것들을 살펴보자.

## ☑ 1단계: 문제

고객들을 이야기 속으로 초대하고자 할 때는, 항상 문제에 대해 언급하는 것으로 시작하라.

문제는 훅Hook*이다. 만약에 이야기가 어떤 문제를 포함하지 않고 있다면, 그 이야기는 애초에 시작되지도 않았을 것이다.

다음 예시를 보자.

> ex 어제 아침, 일어나자마자 부엌으로 가서 커피메이커를 켰다.
> 커피가 끓기를 기다렸다가 하루를 시작하기에 충분한 양의 커피를 컵에 따랐다. 식탁에 앉아 커피를 마시면서 신문을 읽었다.

엄밀히 따지면, 이것은 이야기이다. 누군가가 어떤 행위를 하는 내용에 관한 이야기 말이다. 문제는 이것이 전혀 흥미로운 이야기가 아니라는 점이다. 아마 이 글을 읽으면서 도대체 진짜 이야기는 언제 시작될지 궁금했을 것이다.

이런 이야기 전개는 우리가 정말 원하는 것이 아니다. 우리가 기대하는 것은 주인공이 도전해야 할 무언가가 나타나는 것이다.

---

\* 사람들의 주의를 끄는 어떤 것을 말한다.

이야기가 시작될 때 우리가 기다리는 것은 대개 주인공이 극복해야만 하는 어떤 난관에 봉착하는 전개이다. 우리는 힘들거나 어렵거나 무섭고 고통스러운 무언가가 일어나기를 기대한다.

유능한 이야기꾼은 가능한 한 빨리 문제에 대해 언급해야 한다는 사실을 잘 알고 있다. 그렇지 않으면, 청중들이 금세 흥미를 잃을 것이기 때문이다.

이러한 원리는 비즈니스에도 똑같이 적용된다. 우리는 가능한 한 빨리 문제에 대해 언급해야 한다.

앞서 예로 든 이야기를 다시 시작해보겠다.

> ex 어제 아침, 일어나자마자 커피메이커를 켜기 위해 부엌으로 향했다. 부엌 모퉁이를 도는 순간 깨진 유리 조각 몇 개와 시리얼이 바닥에 흩어져있는 것을 발견했다. 그리고 갑자기 주방 식탁 위의 샹들리에에서 다람쥐 한 마리가 훌쩍 뛰어 내려왔다!

위의 이야기는 적절한 전개로 시작되면서 우리의 흥미를 돋우고 있다. 이야기는 어떤 문제나 사건이 언급되어야 비로소 시작된다.

## 🔍 문제에 관해 이야기하는 것은 제품의 가치를 더한다

비슷한 종류의 개인 요리 사업을 하는 두 사람을 파티에서 만났다고 가정해보자.

첫 번째 사람에게 무슨 일을 하느냐고 물으니 개인 요리사라고 말한다. 그 일을 어떻게 시작하게 되었고, 누구를 위해 요리를 하는지 등이 궁금해져서 이런저런 질문을 시작하지만, 대화의 주제는 곧 주변의 괜찮은 식당들에 관한 것으로 바뀌고 만다. 이 대화 속에서 그의 요리 서비스를 한번 이용해 보아야겠다는 생각은 전혀 들지 않는다.

하지만 두 번째 사람을 만나 이야기해보니, 그 사람은 다음과 같이 대답한다.

"아시다시피 요즘은 가족 대부분이 거의 함께 식사를 못 하고 있어요. 그리고 식사할 때는 충분히 건강한 음식들을 챙겨 먹지도 않고요. 저는 개인 요리사로 일하고 있는데…"

이 두 번째 요리사가 훨씬 흥미롭다. 그와 대화할 때는, 그가 우리 집에서 우리 가족을 위해 요리하는 모습을 상상하게 된다.

왜 그럴까?

그가 문제에 대해서 먼저 언급한 후, 이를 해결할 수 있는 자신의 서비스를 소개하고 있기 때문이다.

원라이너가 문제를 언급하는 것으로 시작해야 하는 또 다른 이유는 문제를 언급함으로써 제품에 인지 가치Perceived Value*를 더할 수 있기 때문이다.

## 문제를 언급함으로써 고객의 마음에 새겨진다

원라이너는 항상 문제를 언급하는 것으로 시작하라.

만약 동료가 두통이 있다고 한다면, 당신은 어떻게 대답하겠는가?

> ex 동료: "나, 두통이 있는 거 같아요."
> 나: "애드빌Advil 줄까요?"

---

* 고객이 느끼는 제품이나 서비스의 가치를 말한다.

어떤 문제에 대한 해결책과 연관시키지 않는 한 우리가 일상에서 특정 브랜드를 떠올릴 일은 거의 없다.

사람들의 뇌리에 깊이 새겨지기를 원한다면 당신의 제품이나 서비스를 어떤 문제의 해결책과 연결하라.

문제를 언급하면서 왜 원라이너로 시작해야 할까? ① 문제는 바로 훅<sub>Hook</sub>이기 때문이다. ② 문제는 당신의 제품이나 서비스에 가치를 더하기 때문이다. ③ 문제를 언급하는 것은 소비자들의 마음속에 기억될 수 있는 좋은 방법이기 때문이다.

## 실전 연습

📢 당신의 고객 대부분이 직면하고 있는 문제나 불만에 관해서 언급하는 것으로 시작하라.

〈스토리브랜드의 원라이너 예시: 기업가 대부분은 자신이 하는 일에 관해서 표현하기 어려워합니다.〉

_____

_____

_____

**다른 예시들**

·치과: 많은 부모가 아이를 치과에 데려갈 생각을 하면 스트레스를 받습니다.

·내슈빌 자전거 판매장: 매일 평균 110명의 사람이 내슈빌로 통근하

기 때문에, 사람들은 교통체증으로 점점 더 많은 시간을 길에서 낭비하고 있습니다.

·마케팅 대행사: 기업 대부분은 좋은 성과를 낼 수 있는 웹사이트를 구축할 시간과 전문 지식이 부족합니다.

**고려해야 할 것들**

1. 이 단계에서 기업들이 저지르는 가장 큰 실수는 문제를 언급하는 것으로 시작하지 않는다는 것이다. 너무 당연한 것 아니냐고 생각하겠지만, 실제로 매번 이런 일들이 발생한다. 첫 문장을 반드시 명확한 문제 정의로 시작하고, 이 문제가 사람들이 실제로 불편해하는 진짜 문제임을 확인하라.

2. 고객이 당면하고 있는 모든 문제를 원라이너에 담으려고 하지 마라. 가장 많은 사람이 느끼는 문제 한 가지만을 언급하라. 원라이너는 당신이 해결할 수 있는 모든 문제를 포함한 것이라기보다는 사람들을 궁금하게 만드는 훅$_{Hook}$이어야만 한다. 세일즈 퍼널의 다른 부분에서 다른 문제들에 관해 언급할 수도 있겠지만, 원라이너에는 단 한 가지만 포함하라.

3. 원라이너에 포함된 문제가 당신의 회사가 실제로 해결할 수 있는 문제인지 확실히 하자. 당신의 고객들은 많은 문제에 직면해 있을 수 있지만, 만약 당신이 이를 해결할 수 없다면 그것에 관해서는 거론하지 마라.

4. 경쟁자와 어떻게 다른지 생각해보자. 만약 당신이 경쟁이 심한 산업에 속해 있다면, 경쟁자의 서비스로 인해 고객들이 겪는 불편에 관해 이야기하라. 원라이너를 다른 제품 혹은 서비스와의 차별점을 부각하는 데 활용하라.

## ☑ 2단계: 해결책

문제에 관해 언급하면서 이야기의 포문을 열었으니, 이제 고객들은 해결책에 대해 들을 준비가 되었다.

문제를 서두에 언급하는 것은 당신이 제공할 해결책에 대한 인지 가치를 높여준다.

우리는 어떤 문제에 대한 해결책을 제공하려고 비즈니스를 하고 있다. 당신이 사는 모든 제품은 당신이 처한 어떤 문제를 해결하려고 구매하는 것이다.

따라서 원라이너의 두 번째 문장은 비밀 공개처럼 들려야 한다. 고객은 문제에 관해 듣거나 (혹은 읽으면서) 이 문제가 어떻게 해결될 수 있을지 궁금해하기 시작할 것이다. 고객은 속으로 미묘한 기대를 하게 되고, 당신이 해결책을 공개할 때 그들은 (무시하는 대신) 귀 기울일 것이다.


## ◎ 문제와 해결책이 연관성이 있는지 확인하자

원라이너를 만들 때, 많은 사람이 문제와 해결책을 연결하는 데 실패한다. 대부분은 다음과 같이 말한다.

> [ex] 한낮에 피로와 싸우는 사람이 많습니다. 우리 회사의 특허 비타민제는 세계에서 인정받는 열 명의 영양사가 만들었습니다.

유명한 영양사들이 당신의 비타민제를 만들었다는 사실은 이 제품이 고객들의 문제를 어떻게 해결할 수 있는지 명확하게 보여주지는 못한다.

우리 할아버지가 어떻게 이 회사를 설립하셨으며, 어떤 상들을 받았는지 이야기하고 싶은 마음이 굴뚝같다는 사실을 잘 안다. 하지만 이런 유혹에 넘어가지 말자. 원라이너는 단순히 당신이 고객들의 문제를 어떻게 해결할 수 있는지 이야기하면 된다.

앞의 예시를 수정해보자.

> [ex] 한낮에 피로와 싸우는 사람이 많습니다. 우리는 아침부터 밤까지 균형 잡힌 에너지를 유지하게 해주는 비타민제를 만들었습니다.

영양사에 관한 정보는 나중에 언급해도 된다. 그러니 기억에 남는 첫인상을 만들도록 문제와 해결책에 관해 분명하게 밝힐 기회를 놓치지 말자.

## 이야기를 끝맺어라

문제에 대한 해결책을 이야기할 때 사람들이 많이 저지르는 또 하나의 실수는 너무 장황하게 표현한다는 것이다.

이것은 극본이 아니다.

많은 단어가 포함된 표현은 또 다른 새로운 이야깃거리를 너무 많이 만들어 낼 수 있다.

원라이너의 두 번째 파트는 더 많은 이야깃거리를 던지는 것이 아니라, 이야기를 끝맺는 역할을 해야 한다.

"우리의 GPS 기술은 열 개의 인공위성을 이용해 무인 잔디깎이를 작동하록 합니다"와 같은 문장은 인공위성, 무인 등에 관해 여러 가지 의문점이 생기게 한다. 하지만 다음 문장은 그런 의문점을 전혀 유발하지 않는다. "우리 무인 잔디깎이는 당신이 땀 한 방울 흘리지 않고 안전하게 잔디를 깎을 수 있도록 한다는 점에서 룸바(로봇청소기)와 비슷합니다."


## 🔍 말장난하지 말자

은유적이거나 기발한 표현은 대부분 명료함과는 거리가 멀다.

명료함은 판매로 이어지지만, 은유적이거나 기발한 것들은 혼란을 일으킨다.

대부분의 경우, 해결책은 단순히 제품 그 자체에 있다.

몇 가지 좋은 예시를 살펴보자.

> ex ⓥ 우리 회사는 편두통을 치유하는 새로운 약을 개발했습니다.
>
> ⓥ 우리 트럭은 천연가스로 움직입니다.
>
> ⓥ 우리가 여러분의 지붕에 설치하는 지붕널은 평생 쓸 수 있으며, 절대 새지 않을 것입니다.

이 간단한 문구들은 제품을 파는 데 아주 효과적이다. 하지만 실제 이렇게 해결책을 간단하게 설명하는 기업이 거의 없다는 사실에 놀랄 것이다.

대신에, 우리는 다음과 같은 문구들을 더욱 자주 접한다. "편두통은 이제 과거가 됩니다", "미래를 위한 연료 효율성", "빗물은 당신의 집 바깥에 머물게 하세요!"

이 은유적이고 기발한 문구들로는 어떤 것도 팔지 못할 것이다.

원라이너에 담을 해결책에 대해서 너무 깊게 생각할 필요 없다. 해결책은 사실 가장 쉬운 부분이다. 바로 당신의 제품, 그 자체이다.

제품에 대해서 명확하게 표현하면, 당신이 언급한 문제를 접한 고객들은 당신의 제품과 그 문제에 대한 해결책을 연관시키게 될 것이다.

고객들의 문제에 대한 해결책을 제시할 때는 다음 세 가지 사항에 주의하자.

Ⓥ 해결책을 문제와 직접적으로 연관시켜라.

Ⓥ 이야기를 끝맺어라.

Ⓥ 은유적이고 기발한 표현 대신 명확한 표현을 사용하라.

## 실전 연습

 **앞서 언급했던 문제에 대한 당신의 해결책을 적어보자.**

〈스토리브랜드의 원라이너 예시: 스토리브랜드는 사람들이 명확한 메시지를 만들어내도록 하는 의사소통 프레임워크를 개발하였습니다.〉

_____

_____

_____

### 다른 예시들

·치과: Kid's Teeth는 즐겁고 신나는 분위기로 아이들을 편안하게 만듭니다.

·내슈빌 자전거 판매장: 내슈빌 자전거 판매장에는 당신에게 딱 맞는 전기 자전거가 있습니다.

·마케팅 대행사: John Doe 마케팅은 당신이 원하는 멋진 웹사이트를 저렴한 가격으로 만들어 드립니다.

### 고려해야 할 것들

1. 단순하게 만들어라. 회사들은 종종 이해하기 어렵고 어색하게 들리는 내부 용어를 사용하는 실수를 저지르는 경우가 있다. 따라 하기 쉽고 아주 명확하게 들리는지 다시 한번 확인하자.

2. 해결책과 함께 브랜드 이름을 언급하라. 브랜드를 당신이 해결하고자 하는 문제와 연관시킬 수 있다.

3. 해결책이 앞서 언급한 문제점과 잘 연관되는지 확인하라. 원라이너는 일관성이 있어야 한다.

4. 여기서 당신이 고객을 위해 해줄 수 있는 모든 것을 말하려고 하지 말자. 짧고 명확하게 어떤 서비스를 제공하는지 설명하라.

## ✓ 3단계: 결과

원라이너의 마지막 부분은 모두가 기다리던 파트이다.

영화의 모든 대사, 모든 장면, 모든 박자가 중요한 장면을 향해 진행되고 있다. 클라이맥스 또는 필수 장면이라고도 불리는 가장 중요한 장면은 대개 영화의 마지막 부분에서 모든 갈등을 해결하는 전개로 진행된다. 예를 들어, 토미 보이는 아버지의 회사를 구하고(〈크레이지 토미 보이〉, 1995), 루디는 마침내 노트르담에서 축구를 하게 되며(〈루디 이야기〉, 1993), 에린 브로코비치는 결국 승소한다(〈에린 브로코비치〉, 2000).

원라이너의 세 번째 파트에서는 처음에 형성했던 모든 긴장감을 해소해줘야 한다.

## ◎ 문제, 해결책, 결과는 서로 연결되어야 한다

원라이너를 작성할 때 많은 사람이 문제, 해결책, 그리고 결과를 제대로 연결하지 못한다.

다음 예시를 살펴보자.

> ex 많은 가족이 함께 시간을 충분히 보내지 못하고 있습니다. 도토리 가족 캠프는 지루한 여름이라는 문제를 해결하여 가족들이 오래 기억에 남는 추억을 만들도록 합니다.

그럴싸해 보이지만, 조금 더 자세히 살펴보자. 문제점은 가족들이 함께 시간을 보내지 않는다는 것인데 해결책은 여름이 지루하다는 것에 관해서이다. 이대로도 괜찮지만, 만약 세 가지 요소를 더 잘 연결한다면 훨씬 더 좋은 원라이너가 될 것이다.

> ex 많은 가족이 함께 시간을 충분히 보내지 못하고 있습니다. 도토리 가족 캠프에서는 마치 시간이 멈춘 것 같은 즐거운 이벤트를 제공하고, 가족들은 평생 간직할 끈끈한 유대감을 형성할 것입니다.

차이가 느껴지는가? 세 가지 요소가 연결되면, 이야기는 해결되고 듣는 사람들도 명확하게 이해될 때 오는 약간의 쾌감을 느끼게 된다.

## 해결책을 끌어내는 데 "그래서 결과는?"이라는 물음에 답하라

원라이너의 해결책 파트 뒤에는 고객이 최종적으로 경험하게 될 결과에 대해 말하자. 이 결과는 가능한 한 구체적인 것이 좋다. 고객들이 보거나 느낄 수 있는 무언가에 대해 말해보자.

만약 지붕 수리공이라면, 그냥 "지붕을 완벽하게 수리합니다"라고 말할 수도 있다. 하지만 "그래서 결과는?"이라는 질문에 대한 답을 덧붙이면, 아마 더 좋은 결과를 기대할 수 있을 것이다.

ex 지붕을 완벽하게 수리하여, 걱정거리 없는 집으로 만들어드립니다.

바로 이처럼 말이다. 이제 당신이 정말 팔려고 하는 것이 무엇인지 알게 되었다. 당신은 걱정거리 없는 집을 팔고 있다.

## 실전 연습

📢 문제가 해결되고 나면, 고객들이 어떻게 느끼게 되고 무엇을 얻게 되는지 명확하게 설명하라.

〈스토리브랜드의 원라이너 예시: 메시지가 명확해지면 회사에 대한 입소문이 퍼지기 시작하고 사업이 번창하게 될 것입니다.〉

_____

_____

_____

**다른 예시들**

·치과: 그래서 아이들은 치과에 오는 것을 두려워하지 않고, 부모들은 실제로 치과 방문을 즐기게 됩니다.

·내슈빌 자전거 판매장: 그래서 당신은 하루에 많은 시간을 절약하고, 통근 시간을 줄일 수 있습니다.

·마케팅 대행사: 그래서 당신은 경쟁업체보다 더 돋보이게 되고, 고

객으로 전환될 수 있는 더 많은 리드$_{Lead}$*를 확보하게 됩니다.

**고려해야 할 것들**

1. 당신이 말하는 성공이 앞에서 언급한 문제와 직접적으로 관련이 있도록 하라. 이는 이야기를 일관성 있게 만들어주며 문제가 해결된 후에 고객의 삶이 어떻게 개선될 수 있는지 보여준다.

2. 성공은 회사가 아니라 고객에 대한 것이어야 한다. 원라이너는 "우리는 당신을 도울 수 있습니다." 또는 "당신은 우리의 가장 소중한 고객이 될 것입니다"와 같은 말로 마무리되어서는 안 된다. 당신이 하는 일이 무엇인지, 당신이 얼마나 좋은지보다는 거래 후 고객들의 삶이 어떻게 달라질지에 관해 말하라.

3. 너무 많은 결과를 포함하지 마라. 당신은 여기에 덧붙이고 싶은 수만 가지의 성공 사례가 있을지도 모른다. 단순하고 강렬하게 만들어라. 여러 가지 사례를 이야기하는 것은, 결국 브랜드 이미지를 약화한다. 한두 가지의 성공적인 결과에 집중하라.

4. 지나친 약속은 금물이다. 여기서 언급하는 성공은 당신이 반드시 지킬 수 있는 것이어야 한다.

**자, 이제 세 파트를 통합하여 원라이너 전체를 살펴보자.**

〈스토리브랜드의 원라이너 예시: 기업가 대부분은 자신이 하는 일이 무엇인지에 관해서 표현하기 어려워합니다. 스토리브랜드는 사람들이 메시지를 명확하게 만들 수 있도록 의사소통 프레임워크를 개발하였습니다. 당신의 메시지가 명확해지면 회사에 대한 입소문이 퍼지기 시작하고 사업이 번창하게 될 것입니다.〉

---

\* 제품에 관심을 보이는 개인 혹은 조직을 말한다.

**다른 예시들**

·치과: 많은 부모가 아이를 치과에 데려갈 생각을 하면 스트레스를 받습니다. Kid's Teeth는 즐겁고 신나는 분위기로 아이들을 편안하게 만듭니다. 그래서 아이들은 치과에 오는 것을 두려워하지 않고, 부모들은 실제로 치과 방문을 즐기게 됩니다.

·내슈빌 자전거 판매장: 매일 평균 110명의 사람이 내슈빌로 통근하기 때문에, 사람들은 교통체증으로 점점 더 많은 시간을 길에서 낭비하고 있습니다. 내슈빌 자전거 판매장에는 당신에게 딱 맞는 전기 자전거가 있습니다. 당신은 전기 자전거로 통근 시간을 줄이고 많은 시간을 절약할 수 있습니다.

·마케팅 대행사: 기업 대부분은 좋은 성과를 낼 수 있는 웹사이트를 구축할 시간과 전문 지식이 부족합니다. John Doe 마케팅은 당신이 원하는 멋진 웹사이트를 저렴한 가격에 만들어 드립니다. 당신은 경쟁업체보다 더 돋보일 수 있고, 고객으로 전환될 수 있는 더 많은 리드Lead를 확보하게 됩니다.

**고려해야 할 것들**

1. 모든 파트를 하나로 통합한 후, 원라이너 전체가 의미가 통할 뿐 아니라 소리 내어 읽었을 때 듣기 좋은지 확인하라. 종이에 적혔을 때는 괜찮아 보이는 표현들도 소리 내어 말했을 때 어색하게 들리고는 한다. 큰 소리로 읽어보고 어떻게 들리는지 살펴보자.

2. 통합하고 난 후 수정하는 것을 두려워하지 마라. 세 파트를 순서대로 두되, 조금은 창의적으로 접근하는 것도 두려워하지 마라.

3. 쉽게 따라 할 수 있도록 만들어라. 전체 원라이너가 복잡하고 기억하기 어렵다면, 다시 돌아가서 당신의 팀원 모두가 쉽게 말할 수 있도록 간단하게 만들어보자.

4. 단순한지 다시 한번 확인한다. 만약 누군가에게 원라이너를 들려줬을 때 "무슨 뜻이야?"라는 반문을 듣게 된다면, 너무 복잡하다는 의미이다. 되돌아가서 모든 파트가 명확한지 확인하라. 다듬기를 습관화하자.

# 원라이너를 어떻게 활용해야 하나

원라이너는 우리가 클라이언트들에게 제공하는 가장 강력한 도구 중 하나이다. 우리는 단순히 원라이너를 만들고 활용함으로써 엄청난 매출 증가를 이룬 클라이언트들을 보아왔다.

원라이너를 다듬어 완성하면, 이를 외워라. 당신의 팀원 전체가 외우도록 하자.

팀원 모두가 원라이너를 기억할 수 있다면, 그들 모두가 영업사원이 될 수 있다.

## ☑ 원라이너를 활용하는 다른 방법들

원라이너를 활용할 만한 몇 가지 방법을 소개하겠다.

⊘ 명함 뒷면에 넣기
⊘ 이메일 서명으로 만들기
⊘ 매장 벽면에 붙이기

ⓥ 웹사이트 회사 소개 섹션의 첫 번째 문장으로 쓰기

ⓥ 소셜 미디어나 동영상 채널 프로필 설명란에 넣기

평소 당신의 비즈니스에 대해 입소문 퍼뜨릴 기회를 얼마나 많이 놓치고 있는지 알면 아마 놀랄 것이다. 비행기 안에서, 파티에서, 가족 모임에서, 우리가 하는 일을 짧은 이야기에 접목해 소개하면 사람들은 관심을 보인다.

원라이너는 웹사이트, 이메일, 제품 발표문, 그리고 엘리베이터 피치 Elevator Pitch*에서 활용될 수 있다. 원라이너는 또한 전체 메시지 캠페인의 중심 요소가 될 것이다.

원라이너를 완성하였으므로 이제 당신은 고객에게 무엇을 제공하는지 확실히 알고 있으며, 이를 명확하고 반복 가능한 문구로 표현할 수 있다. 이미 반은 성공한 것이나 다름없다.

원라이너를 실행으로 옮기면, 매출이 증가하기 시작할 것이다. 원라이너를 어디에 사용하든 이는 물속의 낚싯바늘과 같다. 이제 더 많은 물고기를 잡아야 한다.

본 도서의 뒤편에 '세일즈 퍼널 워크시트'를 부록으로 첨부하였다. 직접 작성하거나 디자이너와 협력하여 빈칸을 채워가며, 온라인 마케팅 계획을 완성해보자.

---

* 상품이나 서비스 또는 기업의 가치를 요약 설명한 것을 말하는데, 로켓 피치(Rocket Pitch)라고도 한다.

# Chapter 5

# 효과적인 웹사이트를 구축하라

고객들은 어떤 제품 또는 서비스가 자신의 문제를 어떻게 해결해줄 수 있을지 궁금해지면, 더 많은 정보를 찾아보려고 한다.

이때 웹사이트가 필요하다.

훌륭한 웹사이트는 수억 또는 수십억 원의 가치가 있다. 문제는 많은 브랜드가 잘못된 웹사이트를 가지고 있으며, 대부분은 무엇이 잘못되었는지도 모른다는 것이다.

## 모든 것은 말에 달렸다

대부분은 직감적으로 웹사이트가 중요하다는 것을 알고 있어서, 수백만 원을 들여 디자이너를 고용하고는 한다.

하지만 디자이너들은 웹사이트에 들어가는 단어나 문구보다는 색감,

이미지, 그리고 '느낌'에 더 신경을 쓰기 마련이다. 색깔, 이미지들, 그리고 느낌도 물론 중요하지만 실제로 판매를 끌어내는 것은 '말'이다.

웹사이트에는 판매를 촉진할 수 있는 문구를 반드시 포함해야 한다.

스토리브랜드 마케팅 워크숍의 둘째 날 마지막 순서로, 우리는 몇몇 클라이언트의 웹사이트를 큰 스크린에 띄워두고 맞춤형 피드백을 제공하는 시간을 가진다.

이를 통해 나는 수천 개 브랜드의 웹사이트를 살펴보았고, 대부분이 동일한 실수를 저지르고 있음을 발견하였다.

다음은 웹사이트에서 흔히 발견하는 실수들이다.

ⓥ 전문용어 및 내부 용어를 너무 많이 사용한다.
ⓥ 헤더에 너무 많은 단어를 사용한다.
ⓥ 행동 촉구 버튼에 수동적인 언어를 사용한다.
ⓥ 행동 촉구 버튼을 웹페이지 하단에도 반복 노출하지 않는다.
ⓥ 사용된 이미지들이 제품과 관련이 없거나 문구들을 뒷받침하지 못한다.
ⓥ 기발하지만 명확하지 않은 문구를 사용한다.
ⓥ 웹사이트가 리드 제너레이터를 홍보하지 않는다.
ⓥ 글자가 너무 빨리 바뀌는 슬라이드 쇼를 사용한다.
ⓥ 고객을 이야기 속으로 초대하기보다는 자신의 이야기를 한다.

웹사이트를 만들 때 저지르는 가장 큰 실수는 너무 복잡하게 만드는 것이다.

기업 대부분이 웹사이트를 구축하는 목적은 단 하나이다. 바로 판매를 통해 수익을 창출하는 것이다.

수익, 그 자체가 당신이 사업을 하는 주된 이유가 아닐지 모르지만, 이는 사업을 유지할 수 있도록 하는 요인이다.

웹사이트는 판매 기계가 되어야만 한다.


# 효과적인 웹사이트를 구축하라

웹사이트를 구축하기 위해 디자이너를 고용하면, 안타깝게도 디자이너는 대개 온갖 종류의 개인적인 질문을 한다. 좋아하는 색깔, 좋아하는 음악, 어떻게 그리고 왜 회사를 시작하게 되었는지 등을 묻는다.

이는 잘못된 질문들이다. 이런 디자이너는 마치 당신이 상을 받는 연회를 준비하기 위해 자신을 고용했다고 생각하는 것인지도 모르겠다.

웹사이트는 당신 자신을 축하하고 자랑하기 위한 곳이 아니다. 웹사이트는 고객들의 문제를 해결하고 삶의 질을 향상하는 제품을 판매하는 곳이다.

디자이너는 다음과 같은 것을 질문해야 한다.


⊘ 고객들의 어떤 문제를 해결하는가?

⊘ 문제가 해결되면 고객들은 어떻게 느끼게 되는가?

⊘ 사람들이 보통 어떻게 당신의 제품을 구매하게 되는가?

⊘ 제품을 구매했던 고객의 삶의 질을 향상한 예측하지 못한 뜻밖의 가치가 있는가?

# 와이어 프레임부터 만들어라

디자이너가 핵심을 파악하는 올바른 질문을 한다면, 매출을 촉진하는 문구들이 사용된 웹사이트를 구축할 수 있다.

하지만 돈이 많이 드는 웹사이트를 바로 만들기 전에 와이어 프레임 만드는 것부터 시작하자. 와이어 프레임Wireframe은 웹사이트의 전체적인 구성을 간단한 그림과 설명으로 표현한 긴 용지(또는 디지털 페이지)를 말한다.

디자이너는 앞의 질문에 대한 답을 이해한 후에, 우선 와이어 프레임부터 작성해야 한다. 이 와이어 프레임은 많은 돈을 들여 실제 웹사이트를 구성하기 전에 사이트의 전체적인 구성을 살펴보고 심지어 피드백을 받아볼 수 있도록 해준다.

제품을 판매하도록 하는 것은 웹사이트에 들어갈 문구라는 점을 기억하자. 웹사이트가 멋있다면 아주 좋겠지만, 제대로 된 문구들 없이는 매출을 발생시키지 못할 것이다.

효과적인 와이어 프레임을 구성하기 위한 적절한 문구들을 정해보자. 웹사이트를 디자인하기 전에 필요한 모든 단어와 문구를 종이에 적어두자. 나중에 분명 나에게 고마워하게 될 것이다. 오랜 시행착오를 거치면서 웹사이트를 수없이 만들었다가 고치고 다시 만드는 과정을 굳이 경험하고 싶지는 않을 것이다.

이미 효과가 입증된 웹사이트 구축 방법이 있다면, 이를 활용해서 한번 만들어보는 것은 어떨까?

# 웹사이트 와이어 프레임은 어떻게 만드는가

웹사이트를 다시 디자인하기 위해 수백만 원을 내기 전에, 이 Chapter 를 꼼꼼히 읽고 실전 연습을 완료해보자.

이 과정을 마치면 당신은 디자이너에게 바로 건넬 수 있는 완성된 와 이어 프레임을 갖게 될 것이다.

매출에 아무런 도움이 되지 않는 예쁘기만 한 웹사이트에 더는 돈을 낭비하지 말자.

## ☑ 효과적인 웹사이트의 아홉 가지 섹션

웹사이트는 예술 작품처럼 멋있으면서 동시에 판매량을 급격하게 증 가시킬 수도 있다. 하지만 많은 기업이 매출 증가에는 전혀 도움이 되지 않는 예술 작품 같은 웹사이트만을 구축하는 데 수백만 원의 돈을 지출 하고 있다.

이들은 웹사이트라는 한 예술 작품의 소유자로서, 웹사이트 복사본을 프린트하여 액자에 넣고 마케팅 담당자가 사인한 후 벽에 걸어두는 편이 더 낫다.

만약 예술적이고 아름다우면서도 매출 또한 발생시키는 웹사이트를 만들 수 있다면, 정말 굉장할 것이다. 그러나 미적인 부분은 금상첨화이 지만 꼭 필요한 부분은 아니다. 나는 웹사이트가 사업을 성장시키는 데 실질적으로 기여하기를 원한다.

우리의 오랜 경험에 의하면 웹사이트에 다음과 같은 아홉 가지 섹션을 포함하면 지속적으로 판매량을 늘리는 데 도움이 된다. 각 섹션은 연못의 낚싯바늘과 같아서 많으면 많을수록 더 많은 물고기를 잡을 수 있다.

이 책에서는 아래 아홉 가지 섹션을 구성하는 방법을 알려주고자 한다.


① **헤더**The Header

웹사이트의 가장 윗부분으로, 아주 적은 수의 단어만 사용해 고객들에게 무엇을 제공하는지 알리는 섹션.

② **실패**The Stakes

고객이 어떤 고통을 피할 수 있도록 도와줄 수 있는지 설명하는 섹션.

③ **가치 제안**The Value Proposition

여러 이점을 나열하여 제품 또는 서비스에 가치를 부여하는 섹션.

④ **가이드**The Guide

고객의 문제를 해결할 수 있는 브랜드 또는 사람으로서 당신을 소개하는 섹션.

⑤ **계획**The Plan

고객이 당신의 회사와 거래하고 자신의 문제를 해결하기 위해서 반드시 거쳐야 하는 과정을 알리는 섹션.

⑥ **설명 단락**The Explanatory Paragraph

길게 쓴 브랜드 각본BrandScrip을 통해 고객을 이야기 속으로 초대한다. 이 섹션에서 검색 엔진 최적화SEO, Search Engine Optimization*를 향상할 수 있다.

⑦ **동영상(선택사항)**The Video

웹사이트의 내용을 더욱더 역동적인 형식으로 보여주는 동영상.

---

\* 네이버(Naver)나 다음(Daum)과 같은 검색 엔진의 검색 결과 상단에 노출되도록 최적화하는 방법을 말한다.

⑧ **가격 선택(선택사항)**Price Choices

회사의 서비스 또는 제품 목록.

⑨ **정리 서랍**Junk Drawer

웹사이트에서 가장 중요한 부분으로, 이전에 중요하다고 생각했
던 모든 것을 나열하는 곳.


## 어떤 순서로 구성해야 하나

나는 종종 "이 섹션들을 어떤 순서로 배열해야 합니까?"라는 질문을
받는다.

헤더가 가장 위에 위치해야 한다는 것을 제외하고는 명확히 정해진 순
서는 없다. 배열할 방법은 무한하게 많고, 솔직히 말하면 여기서 잘못되
는 경우는 거의 없다.

웹사이트 디자인을 작곡에 비유해서 생각해보자. 웹사이트의 각 섹션
은 기타의 다른 코드들이라 할 수 있다. 나는 여기서 각 코드를 연주하는
방법을 알려주고 있다. 어떻게 코드를 연주하고, 어떤 순서로 진행할 것
인지, 얼마나 오래 연주하는지는 당신에게 달렸다. 당신이 할 일은 이 코
드들을 잘 활용해서 웹사이트를 아름다운 노래로 만드는 것이다.

마케팅 워크숍에서 우리도 비슷한 과정을 거친다. 수백 명의 기업 대표
는 단 몇 시간 안에 효과적인 웹사이트 구축을 위한 와이어 프레임을 만든
다. 각 섹션에 적용할 와이어 프레임을 만든 후에는 전체적인 흐름에 맞는
적합한 위치를 정하려고 이들을 직관적으로 이리저리 움직여본다.

몇 시간 정도를 할애하여 웹사이트의 각 섹션을 완성해보자. 한 섹션
이라도 빠뜨려서는 안 된다. 조금만 시간을 투자하면 꽤 괜찮은 것들을
생각해내게 될 것이다.

그리고 이 작업을 여러 날에 걸쳐서 하라. 나는 종종 단계적으로 웹사이트의 와이어 프레임을 구상한다. 첫 번째 버전은 그냥 초안이다. 며칠이 지나고 나면 웹사이트를 어떻게 구성해야 하는지 조금 더 명확한 아이디어들이 떠오른다.

자 그럼, 재미있는 작업을 시작해보자. 웹사이트 각 섹션의 와이어 프레임을 만들어보자.

## 섹션 1: 헤더The Header

첫인상을 남길 기회는 단 한 번이다. 헤더는 웹사이트의 가장 위쪽에 위치하는 섹션으로, 제품이나 서비스에 대한 첫인상을 결정한다.

첫인상에는 두 번째 기회라는 것이 존재하지 않으니, 처음에 제대로 된 첫인상을 남기는 것이 아주 중요하다.

마이크로소프트 리서치Microsoft Research의 차오 리우Chao Liu와 동료들에 따르면, 웹사이트 방문자들은 계속 머물지, 아니면 나갈지를 처음 10초 안에 결정한다고 한다.

만약 당신의 웹사이트가 이 10초 테스트를 잘 통과하면, 방문자들은 웹사이트 이곳저곳을 좀 더 둘러보게 될 것이다. 그러므로 이는 고객과의 관계를 구축하고 사업을 성장시킬 것인지, 반대로 관계를 상실하고 사업은 쇠퇴하게 될 것인지로 해석할 수 있다.

오직 10초의 시간(리우는 매년 이 시간이 줄어들고 있다는 사실 또한 발견했다)밖에 없으니, 우리는 고객의 호기심을 자극하는 단어들을 사용해야만 한다.

고객의 호기심을 자극하는 것이 무엇이었는지 기억하는가? 그들은 당신이 제공하는 제품이나 서비스가 그들의 생존에 도움이 된다고 여겨질 때만 당신에게 관심을 가진다.

## 헤더가 웅얼웅얼 테스트Grunt Test를 통과하는가?

우리는 스토리브랜드 인증 가이드들을 교육할 때, 은유적이거나 기발한 표현이 아니라 명확한 표현이 매출을 견인한다고 끊임없이 반복해서 강조한다.

아마추어 카피라이터나 마케터들은 기발하며 재치 있다는 식으로 자신들을 브랜딩함으로써 첫인상을 남기려고 애를 쓴다. 물론 기발하거나 재치 있다는 식의 브랜딩이 잘못되었다는 것은 전혀 아니지만, 이를 대가로 명확함을 잃는다면 분명 손해를 보게 될 것이다.

당신의 웹사이트가 멋진 첫인상을 남기고 고객의 호기심을 자극하기를 원한다면, 헤더가 웅얼웅얼 테스트Grunt Test를 통과할 수 있는지 확인해보아야 한다.

웅얼웅얼 테스트란 무엇일까?

웅얼웅얼 테스트를 통과한다는 것은 웹사이트가 당신이 제공하는 것에 대하여 누구나 이해할 수 있게 표현하고 있다는 것을 의미한다.

마케팅은 암기 연습이라는 사실을 명심하라. 즉, 간단명료한 언어로 표현해야만 한다. 그리고 그 언어는 당신이 어떻게 고객의 생존을 도울 수 있는지 분명히 알려야 한다.

동굴 안에 불을 지피고 앉아있는 원시인을 상상해보자. 그는 단순하지만 멍청하지는 않다. 그는 부족을 지키고, 가족을 부양하기 위해 사냥을 하고, 동료들과 어울리려고 최신 유행인 곰 가죽을 바느질하는 등 바쁘게 시간을 보낸다.

상상의 나래 속에서 이 원시인이 당신의 웹사이트를 방문한다고 가정해보자. 하지만 오직 10초 동안만.

그가 다음의 세 가지 질문에 대한 답을 즉각 웅얼거릴 수 있겠는가?

- ⊘ 무엇을 제공하는가?
- ⊘ 그것이 내 삶을 어떻게 더 나아지도록 하는가?
- ⊘ 그것을 사기 위해서는 무엇을 해야 하는가?

만약 그가 이 질문들에 대한 답을 웅얼거릴 수 있다면, 당신의 웹사이트는 어느 정도 성공적이라고 할 수 있다.

물론 원시인이 당신의 웹사이트를 방문할 일은 없다. 대신에 똑똑하고 바쁜 현대인들이 웹사이트에 접속할 것이다. 그들은 끊임없이 정보를 걸러내기 때문에 위의 세 가지 질문에 가능한 한 더 빨리 대답해야 할 필요가 있다.

실제로 웹사이트의 와이어 프레임을 만들 때, 커피숍에 가서 몇몇 사람에게 당신의 헤더를 한번 봐달라고 부탁할 것을 추천한다. 낯선 사람들과 대화하는 것이 불편하겠지만, 이 몇몇 낯선 이가 당신이 무엇을 제공하는지, 그것이 자신들의 삶을 어떻게 개선할 수 있는지, 그리고 어떻게 이 물건을 구매할 수 있는지를 말할 수 있느냐 없느냐에 따라 당신은 수십억 원의 돈을 벌 수도 혹은 잃을 수도 있다.

명료성이 가장 중요하다는 것을 잊지 말자.

웅얼웅얼 테스트를 통과하게 해줄 이 세 가지 질문을 각각 좀 더 자세히 살펴보자.

당신이 팔고 있는 형체가 있고 만질 수 있는 것은 무엇인가?

놀랍게도 많은 회사가 자신들이 무엇을 팔고 있는지 웹사이트 상단에서 전혀 언급하지 않는다. 더 심각한 것은 실제로는 모호하게 적어 놓았으면서, 자신들이 이 내용을 웹사이트에 잘 표현했다고 생각하는 것이다.

어떤 자산 관리사는 '더 나은 미래를 위한 길'이라는 문구를 사용하면서 이것이 체육관, 대학교, 교회 등 다른 어떤 것들에도 광범위하게 쓰일 수 있는 애매한 표현이라는 것을 깨닫지 못하고 있었다.

웹사이트의 헤더를 다른 회사와 차별화하기 위해 사용해서는 안 된다. 명확한 헤더, 그 자체가 당신을 차별화할 것이다. 장담하건대, 경쟁사가 혼란스럽고 애매한 표현을 쓰고 있을 것이기 때문이다.

종종 사람들은 자신들이 제공하는 것을 복잡하고 시적인 언어로 설명하려고 한다. 하지만 고객들이 정말 찾는 것은 비전문가도 쉽게 이해할 수 있는 말로 표현된 짧은 설명이다.

당신이 제공하는 상품 또는 서비스는 무엇인가?


⊻ 잔디 관리
⊻ 코칭
⊻ 카피라이팅
⊻ 의류
⊻ 헤어 커트 및 염색


잠시 시간을 두고 당신이 제공하는 것에 대한 간결하고 명확한 표현을 적어보자.

_____

_____

_____

**❓ 질문 2: 그것이 고객의 삶을 어떻게 더 나아지도록 하는가?**

당신이 제공하는 것을 명확하게 설명했다면, 이제 이 거래를 좀 더 구미가 당기도록 만들어보자.

만약 누군가가 당신이 제공하는 것을 구매한다면, 그것이 그들의 삶을 어떻게 더 나아지게 만드는가?

당신의 서비스나 제품이 제공할 수 있는 혜택이 수천 가지가 있더라도 이를 모두 다 헤더에서 언급할 수는 없다. 명확성과 간결성을 위해 고객의 삶을 개선할 수 있는 가장 중요한 것을 선택해야 한다. 중요한 것 하나만을 언급하면 고객의 뇌리에 박힐 수 있지만, 수많은 혜택을 언급한다면 모두 잊히고 말 것이라는 사실을 명심하자.

당신과 거래한다면, 고객들의 삶이 어떻게 향상되는가? 그들이 더 많은 돈을 가지게 되나? 더 많은 시간? 더 높은 직위? 더 많은 평화? 더 좋은 관계?

고객의 삶을 더 나아지도록 하는 데 당신이 이바지할 수 있는 부분에 대해 서술할 만한 공간을 웹사이트의 다른 부분에서 확보할 수 있으니, 여기서는 헤더의 취지에 부합하도록 하나만을 선택하도록 하자.

_____

_____

_____

앞에서 살펴본 두 질문에 대한 답변을 다음과 같이 하나의 문장으로 구성해보자.

ex 1. 당신이 삶을 되찾도록 헌신을 다해 돕는 상해 전문 변호사.
   2. 훌륭한 경영자는 타고나는 것이 아니라 훈련으로 만들어집니다: 우리가 어떻게 훈련하는지 살펴보세요.
   3. 건강 상태를 완전히 탈바꿈하여 삶을 되찾으세요: 해결 못 한 건강 문제들을 약물 없이 치유하는 검증된 방법.
   4. 직접 만든 디저트로 당신의 손님들을 놀라게, 그리고 즐겁게 해주세요.

당신이 만든 문장을 아래에 적어보자.

_____

_____

_____


### ? 질문 3: 그것을 사기 위해서는 무엇을 해야 하는가?

놀랍게도 많은 회사가 웹사이트 어디에도 '바로 구매' 버튼을 배치해두지 않는다.

그들은 며칠, 몇 주, 몇 달, 심지어 몇 년의 시간을 들여 그들의 웹사이트가 기능적이고 아름다우면서도 회사 이미지를 잘 표현하는지 확인한다.

그리고는 웹사이트를 방문한 손님들에게 제품 구매 의사를 전혀 물어보지도 않고서 그들을 돌려보낸다.

'바로 구매', '사전 예약', 또는 '쇼핑하기'와 같은 버튼들은 온라인 스토어의 계산대와 같다.

일부 비즈니스 리더들은 너무 강요하는 것처럼 보이는 것을 꺼린다. 그 마음은 충분히 이해한다. 고객들에게 물건을 강매하는 것은 나 역시도 가장 하고 싶지 않은 일이다. 그렇긴 하지만, 구매 의사를 묻지도 않는 것은 당신 자신도 제품을 믿지 않으며 이 제품이 고객들의 문제를 해결하거나 삶을 개선할 것으로 생각하지 않는다고 스스로 말하는 것이나 마찬가지이다.

한 옷가게에서 사고 싶은 옷을 몇 벌 골랐다고 가정해보자. 하지만 구매하려고 가게 앞쪽으로 향했는데 계산대가 보이지 않는다. 가게를 이리 저리 둘러보며 어디서 계산할 수 있는지 찾아보다가 직원에게 다가가 물어볼 것이다.

"아, 저희는 그런 상술로 손님들을 귀찮게 하는 것을 정말 싫어합니다. 아시다시피, 저희는 단순히 옷을 파는 것 이상의 일을 하고 있어서요."

"그렇군요. 하지만 저는 이 옷들을 사고 싶은데요, 어떻게 살 수 있죠?"

"아, 그러시군요. 여자 화장실 두 번째 칸으로 가시면 계산하는 직원을 찾으실 수 있습니다. 말씀드렸다시피 저희는 너무 상업적으로 보이는 것을 지양하고 있습니다."

물론 이 대화는 터무니없다. 하지만 많은 온라인 업체가 정확히 이런 방식으로 고객들을 응대하고 있다. 결국, 행동 촉구를 명확히 하거나 직접적으로 하지 않으면, 수동적이거나 자기 강박적인 것처럼 보이게 된다.

고객이 진정으로 원하는 것은 구매를 결정한 후 계산하려고 할 때 어디로 가야 할지 바로 알 수 있도록 눈에 잘 띄는 계산대이다.

만약 웹사이트 방문자가 제품이나 서비스를 구매하려고 할 때, 당신은 그들이 어떤 단계를 거치기를 원하는가?

그들이 제품을 바로 살 수 있는가? 대기자 명단에 이름을 올려야 하는가? 방문 약속날짜를 잡아야 하는가? 전화를 해야 하는가? 등록을 해야 하는가? 회원 가입을 해야 하는가? 기부를 해야 하는가?

## 수동적 공격성Passive-aggressive을 보이지 마라

'더 알아보기', '회사 소개', '궁금하십니까?', 또는 '제작 과정'과 같은 행동 촉구는 너무 약하고 혼란스럽다.

고객에게 정말 필요한 것은 받아들이거나 거부할 수 있는 어떤 것이다. 그렇지 않으면 고객은 당신이 무엇을 원하는지, 그리고 이 관계가 무슨 관계인지 혼란스럽다고 느끼게 된다.

우리는 종종 '더 알아보기' 또는 '시작하기'와 같은 수동적인 언어를 사용한다. 고객들에게 강요하는 것처럼 보이기를 원치 않기 때문이다. 또는 고객과의 관계를 소중히 여겨서, 혹은 그 관계를 더욱더 친밀하게 이어가기를 원하는 마음에 이런 수동적인 방법을 택하는지도 모른다.

고객과 친구 같은 관계가 되고자 하는 것은 정말 훌륭한 생각이지만, 이것이 비즈니스 관계라는 것을 잊지 말자. 비즈니스 관계라는 것은 본질적으로 거래를 기반으로 한다. 그리고 거래를 기반으로 하는 비즈니스 관계는 전혀 잘못된 것이 아니다.

고객에게 친절하고 존중하는 태도로 심지어 친근하게 대하고 싶어도, 결국은 당신에게 물건을 구매하도록 노력하면서 친구처럼 되려고 한다는 게 분명 달갑지 않을 것이다.

당신의 의도를 좀 더 일찍, 그리고 자주 알려라. 강력한 행동 촉구를 사용하자.

아래에 고객이 당신의 제품을 어떻게 구매할 수 있는지 나열해보자.

당신의 행동 촉구 버튼에 적어놓을 말에는 어떤 것이 있을까?

_____

_____

_____

## 웹사이트에서 행동 촉구 버튼은 어디에 위치하는 게 좋을까?

방문자들이 PC 버전 웹사이트에 접속하면, 그들의 눈은 Z 패턴이나 F 패턴으로 페이지를 읽는다. 많은 연구를 통해 여러 가지 다른 패턴을 밝혀냈지만, 중요한 것은 방문자들의 시선이 페이지에서 무작위로 움직이지 않는다는 사실이다.

우리는 마케터들을 교육할 때, 시선이 움직이는 경로를 따라 중요한 문구와 중요한 행동 촉구 버튼을 배치하도록 지도한다. 즉, 고객의 시선은 웹사이트 맨 왼쪽 상단에 가장 먼저 향했다가, 오른쪽 상단까지 쭉 한 번 훑은 다음, 대각선 아래 방향으로 페이지 중간을 스캔하면서 왼쪽 하단으로 내려가고 그 후 오른쪽 하단까지 쭉 훑는다.

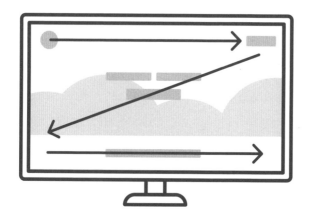

직접적 또는 전환적 행동 촉구CTA, Call To Action 버튼을 배치하기에 좋은 위치 두 군데를 추천하고자 한다. 첫 번째는 페이지 맨 우측 상단으로, 여기는 단연코 페이지에서 가장 가치 있는 위치이다. 두 번째는 제목과 부제목 바로 밑인 헤더 중간 위치이다.

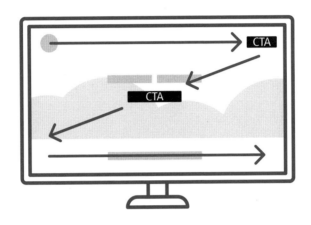

헤더에서 행동 촉구를 두번 반복함으로써 당신은 고객에게 다음과 같은 사실을 알리게 된다.

ⓥ 비즈니스 관계를 형성하는 데 관심이 있다.
ⓥ 서비스 또는 제품을 판매함으로써 문제를 해결해주고 싶다.

이 책을 읽고 있는 독자들도 웹사이트의 수동적인 언어를 직접적인 행동 촉구로 대체함으로써 엄청난 매출 상승을 경험하게 될 것이다.

## 이미지를 신중하게 선택하라

와이어 프레임을 구성할 때는 이미지를 포함하지 않지만, 이후에 이미지를 선택할 때는 신중해야 한다.

미소 짓는 행복한 사람들이 제품을 즐겁게 사용하는 이미지보다 더 나은 것은 거의 없다. 따라서 어떤 이미지를 사용해야 할지 모르겠다면, 미소 지으며 행복해 보이는 사람들이 담긴 사진을 선택하는 게 제일 좋다.

헤더에는 텍스트와 이미지들이 계속 변경되는 슬라이드쇼를 포함하지 않도록 하자. 고객들이 한 메시지를 제대로 읽기도 전에 다른 메시지로 바뀌는 경우가 많으며, 메시지가 3개 정도 바뀌고 나면 고객들은 이 모든 것을 다 잊어버리고 말 것이다.

루핑 이미지Looping Image*를 활용하는 것은 좋은 생각이지만, 텍스트가 이미지 위에 잘 고정되어 있는지 확인하자. 브랜딩은 단순한 메시지를 고객들이 외울 때까지 지속적으로 반복하는 것이다. 그런 의미에서 고정되지 않고 움직이는 텍스트는 브랜딩에 기여하기보다는 오히려 해를 끼칠 수 있다.


## 헤더를 만들어보자

웅얼웅얼 테스트의 세 가지 구성 요소를 종합하여 웹사이트의 헤더를 만들어보자.

헤더의 제목을 작성하고, 필요하다면 부제목을 추가하자. 그리고 아래의 빈 박스에 직접적인 행동 촉구 문구를 넣어보자. 헤더에 어떤 이미지(또는 루프 이미지)를 사용하고 싶은지 괄호 안에 묘사해두자.

---

\* 무한 반복 재생되는 이미지를 말한다.

만약 당신이 놀이터를 짓는 사업을 한다면, 놀이기구를 타며 즐겁게 놀고 있는 아이들의 모습을 보여주면 좋을 것이다. 만약 케이크 제빵사라면, 멋지게 장식된 케이크와 이를 들고 감탄의 눈빛으로 바라보는 고객들의 모습을 보여주자.

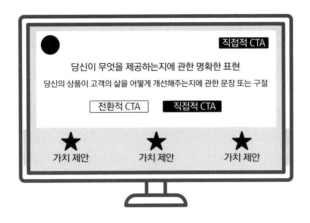

아직은 사진 찍는 것에 대해서 걱정할 필요 없다. 사진 찍는 것은 다음 문제이다. 지금은 어떤 이미지들이 당신의 제품이나 서비스를 가장 잘 팔 수 있게 할지 결정하고 이 이미지들을 헤더에 묘사해두자.

다음에는 행동 촉구 목록을 작성해보자. 실제 웹사이트에는 직접적 행동 촉구를 비롯하여 전환적 행동 촉구(다음 장에서 이에 대해 다룰 예정이다)가 포함될 수 있지만, 여기서는 헤더를 만들기 위한 간단한 구상 정도만 해보자.

이제 당신의 차례이다. 아래 박스를 채워보자.

작성한 내용을 점검해보자.

방금 작성한 헤더를 가지고 동네의 커피숍을 방문한다고 상상해보자. 만약 그곳에서 만난 첫 번째 사람에게 이 헤더가 포함된 페이지를 10초 간 보여주었을 때, 당신이 무엇을 제공하는지, 그것이 그의 삶을 어떻게 향상하도록 하는지, 그리고 그것을 사기 위해 어떻게 해야 하는지를 그 사람이 말할 수 있겠는가?

만약 그렇다면, 당신의 헤더는 웅얼웅얼 테스트를 통과한 것이다.

만약 제대로 된 헤더를 만들었다면, 당신의 웹사이트는 벌써 50% 정도 완성된 것이나 다름없다. 물론 아직 만들어야 할 다른 섹션이 많이 남아 있지만, 그만큼 헤더가 웹사이트에서 중요하다는 의미이다. 방문자가 웹사이트에서 더 많은 시간을 보내다가 최종적으로 구매에 이르는 과정의 50%는 헤더에 달렸다고 해도 과언이 아니다.

내일 아침에 헤더를 다시 한번 체크해보자. 텍스트와 이미지를 살짝 더 수정해보자. 친구들을 비롯하여 몇몇 낯선 사람에게도 피드백을 요청하자.

헤더를 제대로 작성한다면, 당신의 사업은 반드시 성장한다!

헤더를 제외하고 웹사이트 섹션의 순서는 그다지 중요하지 않다. 이 책의 순서 그대로 구성해도 괜찮지만, 꼭 그럴 필요는 없다.

그렇지만, 나는 개인적으로 두 번째 섹션에 실패$_{Stakes}$를 넣는 것을 선호한다. 거래를 하느냐 안 하느냐에 따라 무엇을 얻고 무엇을 잃을 수 있는지 보여주는 것은 고객을 초대하고자 하는 이야기에 약간의 드라마를 추가할 좋은 방법이기 때문이다.


본 도서의 뒤편에 '세일즈 퍼널 워크시트'를 부록으로 첨부하였다. 직접 작성하거나 디자이너와 협력하여 빈칸을 채워가며, 온라인 마케팅 계획을 완성해보자.


## 섹션 2: 실패The Stakes

다음은 실패에 관한 섹션이다. 이야기는 긴장감을 좋아한다. 실패를 포함하지 않는 이야기는 좋은 이야기라고 할 수 없다.

예시를 하나 보여줄 테니 이 이야기를 어떻게 진행해야 더 흥미롭게 만들 수 있을지 생각해보자.

ex 한 젊은이가 자신의 베네치아 비치 아파트에서 아침에 일어나 창문을 열고 상쾌한 바다 공기를 들이마신다. 커피를 한 잔 내리고 의자에 앉아서 조간신문을 읽는다. 그런데 그가 신문을 펼치자마자 그의 친구가 전화했고 다른 친구들과 해변에서 비치발리볼을 하고 있다는 사실을 알려준다.

그는 비치발리볼을 좋아해서 신문을 접고 해변으로 향한다. 그들은 여러 번 게임을 했는데, 게임은 결국 무승부로 마무리된다. 무리 중 한 명이 배가 고프다고 하고, 젊은이는 길 건너편에 새로운 타코 가게가 생겼다며 가보자고 제안한다. 그들은 타코 가게로 향했는데, 신기하게도 그 가게는 1+1 행사를 하고 있어서 그들은 타코를 배부르도록 먹는다.

그렇다. 엄밀히 말하면 이것도 이야기이다. 비치발리볼을 좋아하고 타코가 먹고 싶은 한 남자의 이야기 말이다.

문제는 이것이 전혀 재미있는 이야기가 아니라는 점이다. 사실 여러분은 이 글을 읽으면서 "도대체 진짜 이야기는 언제 시작되는 거야?"라고 궁금히 여겼을 것이다.

실패한 이야기는 항상 같은 문제를 가지고 있다. 갈등이 없다는 것이다!

이야기가 시작되고 주인공이 갈등을 경험하는 순간 독자들은 그 이야기에 빠져들게 된다.

사실 이야기 대부분은 무언가를 바라는 주인공의 등장으로 시작해서 이를 달성하려면 엄청나게 어려운 과제에 도전해야 하는 장면으로 이어진다. 이야기를 흥미롭게 만드는 것은 바로 이 도전하는 과정이다.

만약 위 이야기의 주인공이 비치발리볼을 하려고 해변으로 향하는 중에 엄청난 지진을 경험하게 되고, 이로 인해 해변이 쩍 갈라지면서 사람들이 그 속으로 빨려 들어가는 장면을 목격하게 되었다면? 이거야말로 제대로 된 이야기이다!

많은 흥행 영화가 긍정적인 장면 다음에 부정적인 장면이 나오는 스토리라인을 가지는데, 그렇다면 웹사이트에도 같은 공식을 적용해보면 어떨까?

웹사이트의 첫 섹션은 우리의 물건이나 서비스를 구매하면 고객들의 삶이 어떻게 달라질 수 있는지를 보여주었다. 그렇다면 두 번째 섹션은 고객들이 아직 우리 제품을 구매하지 않았기 때문에 겪고 있을 현재의 고통에 관해 이야기하도록 하자.


## 당신과 거래를 하지 않으면 고객은 어떤 대가를 치르는가?

만약 고객이 당신의 제품 없이 살면서 겪게 될 불편함에 대해 이해하게 된다면, 제품에 대한 인지 가치가 높아지게 된다.

몇 년 전 스토리브랜드를 창업했을 때, 외부 컨설턴트에게 우리 웹사이트를 살펴보고 건설적인 비판을 해달라고 부탁한 적이 있다. 그녀는 우리의 워크숍에도 참석해서 '메시징 프레임워크Massaging Framework'에 대해서도 잘 알고 있었다. 웹사이트를 살펴보고 나서, 우리가 이야기했던 조언을 우리 자신도 따르지 않고 있다고 그녀는 말했다.

"그게 무슨 말씀입니까?" 내가 물었다.

"실패에 관한 내용을 웹사이트에 포함하고, 당신과 비즈니스를 하지 않는 것이 얼마나 손해인지 보여주는 것이 중요하다고 당신이 말했잖아요. 하지만 당신의 웹사이트에는 이것에 대해 언급하는 부분이 전혀 없어요."

그리고 그녀는 한 단락의 글을 보내주고는 이를 워크숍의 비용에 관한 섹션 바로 위에 넣으라고 말했다.

그녀가 우리에게 보내 준 글은 우리 웹사이트를 방문하는 고객들에게 메시징에 관한 일련의 중요한 질문들을 던지고 있었다. 명확하지 않은 메시지로 방문자들을 혼란스럽게 해서 그들과의 거래를 놓치고 있지는 않은지 묻고 있었다. 그 글의 내용은 다음과 같다.

---

☆ ☆ ☆
라이브 워크숍

### 무엇에 투자하고 있습니까?

**불명확한 메시지로** 인해 얼마나 큰 손해를 보고 있나요? 얼마나 많은 잠재 고객이 범람하는 정보 속에서 **당신의 제안을 아예** 듣지도 못하고 있나요? 사람들에게 참석해야 하는 이유를 제대로 알리지 못해서 얼마나 많은 행사를 **절반은 빈 상태로** 진행했나요? 얼마나 많은 사람이 **당신의 컨설팅을 놓치고** 있나요? 잠재 고객들은 당신의 제품이나 서비스가 필요한 이유를 제대로 이해하고 있나요? 메시지의 불명확함으로 인해 당신은 이미 **엄청난 대가를** 치르고 있는지도 모릅니다.

---

나는 디자이너에게 부탁하여 이 새로운 단락을 웹사이트에 포함하도록 했지만, 기분이 썩 좋지는 않았다. 그날 밤 아내에게 이 단락은 우리의 목소리처럼 들리지 않는다고 털어놓았다. 우리는 고객들에게 우리와 거래하도록 강요하지 않았다. 그것은 우리가 추구하는 바가 아니었다.

아내는 만약 그것이 그렇게 신경 쓰인다면, 내일 디자이너에게 부탁하여 그 단락을 지우도록 하라고 말했다.

다음 날 디자이너를 만나 새로 추가한 단락에 대한 의견을 물었다. 그녀는 이 문구가 확실히 기존의 말투와는 다르다며, 나의 기분을 이해한다고 말했다.

"그렇지만요." 그녀는 웃으며 말했다. "어젯밤에 주문이 다섯 건이나 새로 들어왔어요."

그 글은 몇 년이 지난 지금까지도 우리 웹사이트에 여전히 존재한다.

왜? 이야기는 믿을 수 있는 가이드이기 때문이다. 만약 어떤 이야기가 실패에 관해서 전혀 말하지 않는다면, 그건 좋은 이야기가 아니다.

나는 이야기 속에 항상 고통과 갈등이 있어야 한다고 워크숍에서 가르치지만, 마케팅에서 고통에 관해 이야기하는 것은 조금 무겁게 느껴질 수 있다. 하지만 그렇다고 지루한 이야기를 하는 우를 범하지는 말자. 실패는 중요한 내용이다. 만약 고객에게 당신이 어떤 고통을 피할 수 있게 도와줄 수 있는지 알려주지 않는다면, 고객의 흥미를 유발하여 주문하게 만드는 대신 지루해서 졸리게 할 것이다.

고객들이 어떤 고통을 피하도록 돕고 있는가? 현재는 괴롭지만, 당신의 제품이나 서비스를 사용하게 되면 피할 수 있는 고통은 무엇인가?

몇 가지 예시를 살펴보자.

ex
- ⓥ 시간 낭비
- ⓥ 영업 손실
- ⓥ 수면 부족
- ⓥ 체중 증가
- ⓥ 고립감
- ⓥ 지도 부족

- ⓥ 기회 상실
- ⓥ 당혹감
- ⓥ 좌절감
- ⓥ 혼란
- ⓥ 접근 부족
- ⓥ 지위 상실

⊘ 잠재력 발휘 못 함　　　⊘ 경쟁에서 패배

## 실패에 관한 이야기는 과해서는 안 된다

고객의 잠재적 성공에 관해 말하는 것과 달리 실패나 손해 등 부정적인 내용은 자칫 잘못하면 너무 과도할 위험이 있다.

우리가 웹사이트에 실패에 관한 내용을 포함해야 함은 분명하지만, 이를 지나치게 사용하지는 말자. 너무 부정적으로 접근하면, 고객들은 우리의 말을 들으려고 하지 않을 것이다. 인간의 뇌는 아주 부정적인 내용을 접하게 되면 차라리 아무것도 모르는 상태로 행복하게 지내는 편을 택하는 경향이 있기 때문이다.

나는 명확한 메시지의 구성 요소를 케이크 재료에 빗대는 것을 좋아한다. 케이크를 만들려면 밀가루(이익 또는 성공)는 여러 컵이 필요하지만, 소금(손해 또는 실패)은 단 한 숟가락만 있으면 된다. 만약 당신이 너무 많은 소금을 사용하면 케이크를 망칠 것이고, 그렇다고 소금을 아예 넣지 않으면 케이크는 맛이 없을 것이다.

가수 사라 맥라클란Sarah McLachlan은 ASPCAAmerican Society for the Prevention of Cruelty to Animals, 미국동물학대방지협회의 대변인으로서 가끔 텔레비전에 출연하곤 하였다. 사랑스럽지만 슬픈 동물들의 이미지가 화면을 통해 보이는 동안 그녀는 달콤하고 부드러운 목소리로 방치되고 버려진 개들의 곤경에 관해 이야기하였다.

나는 개와 관련한 문제에는 매우 민감한 편이지만, 그런 나조차도 이 광고를 차마 보고 있기 힘들었다. 그래서 항상 빨리 다른 채널로 바꾸곤 하였다. 아내와 나는 지역의 유기견 보호소에 기부도 하고 직접 개를 구조하기도 하였지만, 텔레비전 화면을 통해 그 슬픈 눈동자들을 보는 것은 너무 힘든 일이었다!

ASPCA 입장에서 보면 그 광고가 꽤 잘 만들어졌다고 할 수 있을지 모르겠지만, 나는 행복한 개들을 더 많이 보여주고 학대당하는 슬픈 개들을 조금만 보여주었다면 더 효과적이었을 것으로 생각한다. 결국, 이야기에 실패를 포함하는 목적은 모두가 경험하고 싶어 하는 행복한 결말과 대조되는 면을 보여주기 위함이다.


## 고객이 무엇을 극복하거나 피하도록 도와주는가?

실패를 과장하거나 너무 지나치게 사용하지 않는 선에서, 당신은 고객들의 어떤 문제를 극복하거나 피할 수 있도록 돕고 있는가?

> ex 1. 불편한 매트리스 위에서 뒤척이며, 잠 못 이루는 밤들은 인제 그만.
> 2. 대부분은 매일 받은 편지함에서 얼마나 많은 시간을 낭비하고 있는지 깨닫지 못합니다. 우리에게 해결책이 있습니다.
> 3. 우리는 어떻게 투자해야 하는지 몰라서 돈을 낭비하는 사람들을 자주 만납니다.
> 4. 성과를 내지 못하는 마케팅에 돈을 지출하는 데 진절머리가 나십니까?

웹사이트의 실패 섹션을 표현하는 방법에는 여러 가지가 있다. 당신의 도움으로 고객이 모면할 수 있는 고통을 설명하는 문장을 몇 개 포함할 수도 있고, 당신으로 인해 어려움을 극복한 고객의 추천 후기를 넣거나, 혹은 당신이 해결할 수 있는 문제들을 단순히 나열할 수도 있다.

다음은 웹사이트에 추가할 만한 실패 섹션의 몇 가지 예시이다.

---

### 말이 늦는 아이를 양육하는 것은 힘든 일입니다.

아이가 "지금쯤이면 말을 할 것"이라고 여겨지는 시점이 되어도 말을 못 하면, 부모는 쉽게 좌절하거나 어쩔 줄 몰라 합니다. 부모로서 무언가 잘못한 것은 아닌지 걱정도 될 것입니다.

저희가 좀 안심시켜 드려도 될까요? 실제로 말이 늦는 아이를 양육하는 것은 정말 답답하고 어려운 일입니다. 또한, 자녀의 발달에 대해 걱정하는 것은 지극히 정상적입니다. 당신은 나쁜 부모가 아닙니다. 그리고 당신은 혼자가 아닙니다.

당신에게는 단지 적당한 도구가 필요할 뿐입니다. 당신이 말 잘하는 아이의 자신감 있는 부모가 될 수 있도록 말이죠.

당신에게 필요한, 바로 그 도구를 저희가 제공하겠습니다. 전문 언어 치료사들로 구성된 저희 팀은 그동안 수천 명의 부모님과 함께해왔습니다. 자녀들이 말을 시작하도록 돕고 싶으나 그 어떤 노력도 효과가 없었던 당신과 비슷한 상황의 부모님들 말이죠. 저희의 온라인 과정은 언어에 관한 단순한 비밀들을 알려줌으로써 당신이 자녀와 소통할 수 있도록 도울 것입니다.

**[ 바로 등록(99,000원) ]**　　**[ 더 알아보기 ]**

---

### 다음과 같은 부동산 중개인들 때문에 힘드셨나요?

| | |
|---|---|
| ☑ 소통하지 않는다. | ☑ 해당 지역 및 지역 구매자들을 잘 모른다. |
| ☑ 중요한 약속을 하고는 지키지 않는다. | ☑ 단순히 웹사이트에 매물을 등록하는 것을 효과적인 마케팅이라고 여긴다. |
| ☑ 거래 불발로 시간과 돈을 낭비하게 한다. | ☑ 부동산을 팔기 위해 전혀 서두르지 않는다. |

**우리는 여러분의 집을 마치 내 집처럼 거래해 드립니다.**

당신은 고객의 어떤 고통이나 문제점을 피하도록 돕고 있는가? 아래의 빈칸에 당신이 해결해줄 문제점들을 나열해보자.

_____

_____

_____

다시 말하지만, 웹사이트에서 실패를 보여주는 방식은 충분히 창의적일 수 있다. 체크리스트, 문장, 일련의 질문들, 중요 항목 나열 등이 있다. 시간을 가지고 이 섹션을 어떻게 꾸밀지 구상해보자.

## 🔍 섹션 3: 가치 제안The Value Proposition

고객들이 당신의 제품이나 서비스를 구매한다면 그들의 삶은 어떤 모습이 되는가? 앞에서 언급하였듯이, 여기서부터는 순서와 관계없이 당신이 원하는 대로 섹션을 배치하면 된다. 하지만 내가 가치 제안을 세 번째에 두는 것을 선호하는 이유는 좋은 이야기에서 흔히 볼 수 있는 긍정과 부정이 교차하는 흐름을 따르기 때문이다.

대중에 사랑받는 이야기는 대조적인 것을 보여주며 전개된다. 대개 한 캐릭터는 무뚝뚝해서 정이 안 가는 성격이지만, 다른 캐릭터는 친절하고 온화한 성격을 보인다. 한 장면은 어둡고 우울하지만, 다음 장면에는 밝고 상쾌한 장면을 배치한다.

하지만 영화에서 긍정적인 전개와 부정적인 전개가 극적으로 진행될 때 가장 대조를 많이 느낄 것이다. 모든 이야기는 서사가 진행되면서 항상 극적인 장면이 펼쳐진다. 보통 영화가 끝나기 몇 분 전에 일어나는 이러한 장면에서 갈등 대부분이 해결된다.

### 좋은 이야기는 대조를 좋아한다

클라이맥스 장면을 중심으로 영화를 분석해보면, 한 장면에서는 주인공이 긍정적인 클라이맥스 장면으로 향해가고(예를 들면, 한 소년이 한 소녀의 마음을 얻는다), 그다음 장면에서는 시련을 겪는다(소녀가 소년의 형을 유혹한다).

관객들을 긴장시키고 주의를 집중시키는 것은 바로 이러한 대조적인 전개이다. 이것은 마치 이야기가 다음과 같이 진행되는 것과 같다.

장면 1 (+): 주인공이 무언가 간절히 원한다.

장면 2 (−): 하지만 그것을 얻을 기회가 사라진다.

장면 3 (+): 주인공이 도움받을 다른 기회가 생긴다.

장면 4 (−): 하지만 그 기회조차 실패로 끝난다.

이러한 대조적인 전개는 수 세기 동안 인간의 마음을 사로잡는 데 효과가 있었으니, 이를 활용해 웹사이트를 방문하는 사람들의 시선을 끌어보자.

다시 말하지만, 웹사이트에서는 단순한 대조(긍정적, 부정적 메시지)를 사용하는 것만으로 충분하다. 첫 세 섹션(헤더-실패-가치 제안)에 이를 적용하여 방문객들이 긍정-부정-긍정의 흐름을 접하게 되면, 당신의 메시지를 더 친근하고 매력적으로 느낄 것이다.

### 당신과 거래를 하면 어떤 가치를 얻게 되는가?

가치에 관한 섹션을 포함하는 것은 고객들에게 소개할 이야기의 대조적 전개에 도움이 될 뿐만 아니라 판매하는 제품과 서비스에 인지 가치를 더하게 된다.

예를 들어, 냉난방 및 환기 장치를 관리하는 패키지를 판매한다고 할 때, 다음과 같은 몇 가지 이점을 나열하면 이 서비스의 인지 가치를 높일 수 있다.

ex ⓥ 에어컨 고장 걱정은 이제 그만하자.

　　ⓥ 정비 서비스를 예약하는 수고도 이제 그만하자.

$\textcircled{\checkmark}$ 필터 교체 없이도 깨끗한 공기를 마시자.

다른 회사들이 단순히 관리 패키지가 있다는 사실만 언급하는 반면, 이 회사는 패키지가 제공하는 혜택을 나열함으로써 그 패키지에 '인지 가치'를 더하고 있다.

만약 관리 패키지 가격이 연간 20만 원이고, 이 가격을 적정하게 여기고 있다고 가정하자. 고장을 전혀 걱정할 필요가 없다는 말에 이 서비스의 인지 가치는, 예를 들자면, 약 30만 원 정도로 증가한다. 또한, 서비스 예약을 할 필요가 없다는 문구에 인지 가치는 약 35만 원으로 높아진다. 이뿐만 아니라 1년 내내 깨끗한 공기를 마시는 것은 돈을 더 지불하더라도 누리고 싶은 프리미엄 서비스이므로 패키지의 인지 가치는 약 50만 원까지 증가할 수 있다.

단 20만 원만 내고 50만 원의 가치를 가진 상품을 얻을 수 있다면, 고객들은 기꺼이 지갑을 열고자 할 것이다.

단지 몇 가지 문구를 사용함으로써 우리는 상품의 인지 가치를 높였고 고객들은 훨씬 더 좋은 거래를 하게 된 것이다.

제품의 가치를 100% 높이려면 간접비와 조달 비용에 얼마 정도를 투자해야 할까? 많은 장비와 서비스 역시 추가되어야 할 것이다. 그렇지 않은가?

우리는 단지 문구 몇 개를 사용함으로써 제품의 가치를 100% 이상 올렸다.

그리고 이 문구들은 무료이다.

## 고객들에게 얻을 수 있는 모든 것을 알려라

고객이 가진 가장 핵심적인 질문은 내가 힘들게 번 돈의 대가로 무엇을 얻을 수 있는가에 관한 것이다.

이 섹션에서는 이에 대한 답을 포함할 것이다.

- ✓ 고객이 돈을 절약할 수 있는가?
- ✓ 고객이 시간을 절약할 수 있는가?
- ✓ 고객이 위험 부담을 줄일 수 있는가?
- ✓ 고객이 좋은 품질의 제품을 얻게 되는가?
- ✓ 삶을 단순화하고 번거로운 것들을 피하는 데 고객에게 도움이 되는가?

만약 그렇다면, 이 섹션은 추가된 가치에 관해 설명해야 한다.


## 구체화하고 시각화하라

가치 제안을 작성할 때 사람들이 저지르는 가장 큰 실수는 충분히 구체적이지 않다는 것이다.

만약 당신의 제품이 고객들의 시간과 돈을 절약하는 데 도움이 된다면, 그렇다고 말해야 한다. '성취감을 주는' 또는 '만족적'과 같은 애매모호한 말 대신 "당신은 올여름에 시간을 절약하게 될 것입니다." 혹은 "이웃들이 당신의 잔디밭을 부러워하게 될 겁니다"와 같은 구체적인 표현을 사용하라.

시각적으로 표현하는 것 또한 도움이 된다. 실질적인 이미지를 사용하는 것은 물론 도움이 되거니와, 글로써도 역시 사람들이 경험하게 될 삶을 '보고, 냄새 맡고, 맛보도록' 할 수 있다.

"마치 여왕 전용 청소부가 다녀간 듯이 깨끗하고 산뜻한 집으로 돌아오게 될 것입니다." 또는 "당신은 몇 주 안에 결혼했을 때 입었던 턱시도를 입을 수 있습니다!"

이러한 종류의 문장들이 "당신의 집은 깨끗해질 것입니다"나 "당신은 살을 빼게 될 것입니다"와 같은 표현보다 동기 유발에 더 도움이 된다는 것이 느껴지는가?

다음은 또 다른 회사가 고객에게 제공하는 가치를 어떻게 설명하는지 보여주는 예시이다.

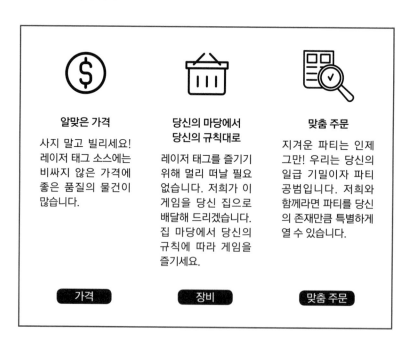

**알맞은 가격**

사지 말고 빌리세요! 레이저 태그 소스에는 비싸지 않은 가격에 좋은 품질의 물건이 많습니다.

**당신의 마당에서 당신의 규칙대로**

레이저 태그를 즐기기 위해 멀리 떠날 필요 없습니다. 저희가 이 게임을 당신 집으로 배달해 드리겠습니다. 집 마당에서 당신의 규칙에 따라 게임을 즐기세요.

**맞춤 주문**

지겨운 파티는 인제 그만! 우리는 당신의 일급 기밀이자 파티 공범입니다. 저희와 함께라면 파티를 당신의 존재만큼 특별하게 열 수 있습니다.

가격            장비            맞춤 주문

아래 빈칸에 당신의 제품이나 서비스가 고객에게 제공할 수 있는 가치를 나열해보자.

1. _____
2. _____
3. _____
4. _____
5. _____
6. _____
7. _____
8. _____

## 제목을 붙여라

이 모든 문제 사이에 공통된 주제가 있는가? 실패 섹션을 요약하는 데 사용할 만한 멋진 문구가 있는가?

각 섹션 위에 항상 제목을 포함하도록 하라. 제목이 없는 웹사이트 섹션은 마치 제목이 없는 신문 기사와도 같다. 사람들은 그 부분을 건너뛸 것이다.

다음은 몇 가지 효과적인 제목 예시이다.

ex "우리 고객들은 더 이상 OOOO하는 데 어려움을 겪지 않습니다."

"당신은 더 이상 혼란스러워할 필요가 없습니다."

"잃을 것이 너무 많습니다!"

"지금 행동해서 성가신 일들을 피하십시오."

"사람들이 OOOO로 힘들어하는 것을 보면 마음이 너무 아픕니다."

제목과 당신이 해결해 줄 수 있는 문제들을 나열함으로써, 당신이 고객의 문제를 잘 이해하고 있다는 사실과 해결책을 찾는 데 돕고자 하는 온정적인 바람, 이 두 가지를 모두 보여주게 된다.

이제 당신의 웹사이트에서 이 섹션을 어떤 식으로 꾸밀 것인지 아래 빈칸을 채워보자.

<br><br><br><br><br><br>

## 🎯 섹션 4: 가이드The Guide

어떤 대가를 치르더라도 당신의 고객이 성공할 수 있도록 지원하라. 스토리브랜드는 마케팅 에이전트들에게 메시징 프레임워크와 Marketing Made Simple 체크리스트, 두 가지 모두에 대한 자격증을 수여한다. 교육이 끝날 때, 스토리브랜드 가이드들은 선서한다. 선서의 합의 중 하나는 '고객의 성공을 집요하게 추구할 것'이다. 이는 단순히 고객으로부터 수익을 창출하겠다는 것이 아니라 투자에 상응하는 놀라운 이익을 고객에게 제공하겠다는 것을 의미한다.

당신 자신의 성공에 대한 고민을 멈추고 고객들의 성공을 고민하기 시작하는 날, 비로소 당신의 사업은 성장하기 시작할 것이다.

모든 영화 주인공은 가이드를 필요로 한다. 웹사이트 와이어 프레임의 네 번째 섹션에서 우리는 자신을 가이드로 포지셔닝할 것이다.

다시 말하지만, 이 섹션은 어느 순서에 들어가든 상관없다. 앞서 처음 세 섹션이 긍정-부정-긍정의 흐름을 보여주고 있으니 고객들은 아마도 당신의 이야기에 관심을 둔 상태일 것이다.

그들은 이야기에 빠져있을 뿐만 아니라, 당신이 실패에 관해서도 언급하였으므로 도움을 절실히 바라고 있을 것이다.


## 가이드는 공감할 줄 알며 권위가 있다

이야기 속의 모든 좋은 가이드는 두 가지 중요한 특징을 보여준다. 그들은 자신의 고객이 겪고 있는 어려움을 충분히 공감하고 이를 해결해 줄 수 있는 능력을 갖추고 있다.

스토리브랜드에서는 이를 공감Empathy과 권위Authority라고 부른다.

당신의 고객에게 필요한 가이드로서 당신 자신을 포지셔닝하기 위해서는 공감을 표현하고 권위, 즉 신뢰할 수 있는 전문성을 보여줄 필요가 있다.

공감과 권위를 보여줄 때, 고객들은 우리가 승리하는 데 도와줄 사람이라는 사실을 즉각 인식하게 된다.


## 공감과 권위의 원투 펀치

공감과 권위는 함께 강력한 원투 펀치를 만든다.

헬스 트레이너를 만나 10kg 정도 체중을 줄이고, 근육도 좀 단련하고, 건강한 식단을 짜는 것에 관심이 있다며 말한다고 가정해보자. 아마도 당신은 다이어트를 하면서 직면한 몇 가지 문제, 특히 늦은 밤에 아이스크림이 너무 당긴다든지, 특정 종류의 유산소 운동을 하기가 너무 싫다는 등의 문제를 트레이너에게 설명할 것이다.

이제 트레이너에게서 예상되는 두 가지 반응을 상상해보자.

> ex 1. 첫 번째 시나리오에서, 트레이너는 "그 기분 충분히 이해합니다. 저도 유산소 운동 정말 싫어해요. 유산소로는 한 5kg 감량하는 정도만 견뎌볼 수 있을 거 같아요. 그러고 보니 저도 아이스크림을 정말 좋아합니다. 같이 나가서 하나 사 먹을까요? 저쪽 길 끝에 괜찮은 곳을 하나 알고 있습니다"라고 말한다. 이 트레이너에게 돈을 내고 서비스를 받을 가능성이 얼마나 되겠는가?
>
> 2. 두 번째 시나리오에서, 트레이너는 셔츠를 벗고 식스팩 댄스를 보여준다. 그리고 자신은 아이스크림과 같은 불량 음식은 먹지 않으며, 케일과 양배추로 구성된 식단이 아주 효과적이라는 사실이 최근 연구에서 밝혀졌기 때문에 당신은 이 식단을 무조건 따라야 하고, 유혹 따위는 떨쳐 버려야 한다는 등의 이야기를 쭉 늘어놓는다. 자 그럼, 이 트레이너에게 돈을 낼 가능성은 얼마나 되겠는가?

권위가 없는 공감은 공감이 없는 권위와 마찬가지로 전혀 호응을 얻지 못한다.

하지만 당신의 고통에 공감하는 동시에 신뢰할 수 있는 능력을 보여줄 수 있는 존재가 바로 가이드이다.

만약에 트레이너가 당신에게 "아이스크림에 대한 갈망은 완전히 이해합니다. 혈당 조절에 대해서 배우기 전에는 저도 그것 때문에 꽤 힘들었습니다. 제가 프로그램 하나를 가르쳐 드릴 수 있는데요, 이 프로그램은 그동안 수백 명의 사람이 체력을 단련하고 아이스크림을 포함해 사랑하는 것들을 포기하지 않으면서도 자신의 몸을 좋아지게 만들었던 프로그램입니다. 그리고 유산소 운동은 한 번에 20분씩 정도면 나쁘지 않습니다. 충분히 하실 수 있습니다."

이 사람이 바로 당신이 고용하고 싶은 트레이너이다.

이 섹션에서 당신은 공감을 명확하게 표현하고 권위(또는 역량)를 입증해 보일 것이다.

다음은 웹사이트에서 당신의 권위를 보여줄 수 있는 몇 가지 방법이다.

- ⓥ 추천 후기: 모든 추천 후기가 동일한 방식으로 만들어지지는 않는다. 뒤에서 더 논의하기로 하자.
- ⓥ 함께 일했던 회사들의 로고: B2B의 경우 특히 효과적이다.
- ⓥ 간단한 통계: 그간 얼마나 많은 사람을 도왔는지, 몇 년 동안 사업을 해왔는지, 또는 얼마나 많은 회사와 일했는지 이야기하라.

> ex · 이것이 우리가 지난 20년 동안 몸매를 가꾸고자 하는 당신과 같은 고객들을 도운 이유입니다.
> · 수면 방식을 바꾼 100,000명 중 한 명이 되세요.
> · 업계에서 100년 이상 축적된 경험을 바탕으로 합니다.

많은 것이 필요하지 않다. 단지 약간의 권위를 보여주는 것만으로도 효과가 있다. 다음은 웹사이트에서 공감을 표현할 수 있는 몇 가지 방법이다.

- ⓥ 그들의 주된 고충에 관해 언급하라. "우리는 ○○○○로 고생하는 것이 어떤 기분인지 잘 이해한다"와 같은 말보다 더 다정한 표현은 거의

없다.
- ⓥ 당신이 고객을 얼마나 진심으로 대했는지에 관한 추천 후기들은 매우 효과적이다.
- ⓥ "나는 당신의 고통에 공감합니다"라는 분명한 말 한마디는 빌 클린턴을 대통령으로 만들었고 당신의 사업을 성장시키는 데에도 보탬이 될 것이다.


## 공감

고객의 고통이나 문제에 어떻게 깊이 공감할 수 있을까?

사람들은 자신과 비슷한 사람을 신뢰하는 경향이 있어서, 당신은 고객의 고통을 이해할 뿐만 아니라 당신 자신도 비슷한 고통을 느꼈다는 것을 보여줄 필요가 있다. 당신은 이전의 고객들을 통해서 그것을 보고 경험했을 것이다.

여기에는 약간의 요령이 필요하다. 다음의 문장을 완성해보자.

"우리는 _____하는 것이 어떤 기분인지 압니다."

ex ⓥ 우리는 승진에서 누락되는 것이 어떤 기분인지 압니다.
   ⓥ 겉보기에는 멋지지만, 매출이 발생하지 않는 웹사이트를 운영한다는 것이 얼마나 답답한지 알고 있습니다.
   ⓥ 옳은 일을 하고 있지 않다고 염려하는 기분이 어떤지 잘 압니다.

**이제 당신의 차례이다.**

당신의 고객들이 느끼는 고통은 무엇인가? 그들을 가장 괴롭히는 문제는 무엇인가? 그리고 그들의 어려움에 대해 공감을 표현할 수 있는 짧은 표현에는 어떤 것이 있을까? 여기서 초안을 작성하고 최종본을 본 도서 뒤편에 첨부한 와이어 프레임에 옮겨 적어라. 전체 웹사이트 와이어 프레임이 어떻게 완성되어 가는지 살펴보자.

_____

_____

_____

## 권위

당신이 문제를 해결하는 데 필요한 역량을 갖추고 있다는 사실을 고객에게 어떻게 확신시킬 수 있을까?

당신 자신에 대해 자랑할 필요는 없지만, 문제 해결 능력이 있음을 보여주는 몇 가지 핵심 항목은 필요하다.

웹사이트에서 보여줄 권위의 유형을 결정할 때, 그 권위의 증거가 고객들이 직면하고 있는 문제를 해결하는 것과 직접적으로 연관되어 있는지 확인하라. 예를 들어, 자격증을 보유한 요가 강사이지만 잔디 관리 관련 사업을 하고 있다면, 요가 자격증을 웹사이트에 올릴 필요는 없을 것이다. 이는 고객을 더 혼란스럽게 할 것이기 때문이다. 고객들은 당신을 어느 카테고리로 분류해야 할지 헷갈릴 것이다. 요가 강사인가, 아니면 잔디 관리 전문가인가? "저희는 고객들의 잔디 관리 작업 시간을 수천 시간 절약하여, 고객들이 잔디밭에서 일하기보다는 그 위에서 즐기는 시간을 더 많이 가질 수 있도록 합니다"와 같은 문구를 넣는 것이 훨씬 나을 것이다. 고객의 성공과 직접 연관된 권위에 대해서만 언급하라.

다음에는 각 권위의 유형과 웹사이트에 추가할 때 고려해야 하는 사항들을 살펴볼 것이다.


## 권위를 지나치게 사용하지 마라

조심할 필요가 있다. 만약 당신이 권위에 관해서 너무 많이 이야기하고 공감에 관해서는 충분히 언급하지 않는다면, 고객은 이 이야기가 도대체 누구에 관한 것인지 혼란스러울 것이다. 당신에 관한 것인가, 아니면 고객에 관한 것인가? 항상 고객 중심으로 이야기를 전개하라.

충분한 공감을 표현하고 기존 고객들의 추천 후기를 통해 권위를 입증하라.

서너 개의 추천 후기를 웹사이트에 포함하는 것은 공감과 권위를 동시에 크게 높여줄 것이다.

하지만 회사 대부분이 잘못된 후기를 포함하곤 한다.

가장 흔한 문제는 후기들이 너무 길다는 것이다. 그리고 두 번째는 요점 없이 장황하다는 것이다.

우리는 스토리브랜드 인증 가이드를 교육할 때, 사운드바이트$_{Soundbite}$* 를 유심히 들어보라고 말한다. 그리고 고객들을 인터뷰한 후 우리에게 내용을 보고하도록 한다. 다른 사람들이 물건을 구매하도록 간단명료하

---

* TV나 라디오 등의 뉴스에서 정치인, 전문가, 일반 시민 등의 발언을 짧게 따서 내보내는 것을 말한다.

게 설득하는 데 사용할 수 있는 사운드바이트가 있었는가?

추천 후기를 모을 때, 당신 자신을 뉴스 편집자라고 생각하는 것이 좋다. 방송국 리포터가 현장에서 누군가를 인터뷰하면, 20분 이상의 분량을 가지고 돌아오는 경우가 많다. 이 영상은 단 몇 초 분량의 사운드바이트로 편집된다. 왜일까? 인터뷰의 모든 부분이 다 흥미로운 것은 아니기 때문이다.

다음은 추천 후기를 모을 때 주목해야 할 몇 가지 조언과 사운드바이트 예시이다.

ex 1. 거부감 극복
처음 당사와 거래할 때 거부감을 가졌으나 결국은 이를 극복한 경험에 대해서 직접적으로 말하는 고객의 추천 후기를 찾아보거나 요청하자. 예를 들면, "저는 처음에 이 코스가 그냥 시간 낭비일 것 같아서 걱정했어요. 하지만 제가 잘못 생각했더라고요. 이 6시간 동안 지난 10년간 이룬 것보다 훨씬 많은 진전을 이뤘거든요."

2. 문제 해결
당사가 고객을 도와 해결한 구체적인 문제에 관해 언급하는 추천 후기를 찾아보거나 요청하자. 예를 들면, "나는 직장에서 온종일 서서 일하기 때문에 오후 5시 정도가 되면 허리가 아파요. 처음으로 XYZ 신발을 신어보았을 때 오후 5시까지 신었거든요. 그런데 꿈쩍없이 다음 근무 교대까지 이어서 해도 될 것만 같은 기분이 들었어요. 이렇게 좋은 느낌은 10년 만에 처음입니다."

3. 가치 추가
고객들이 당사에서 받은 가치에 관해 말함으로써, 다른 고객들이 돈을 낼까 말까 망설이는 가격 임계점을 넘도록 촉진하는 추천 후기를 찾아보거나 요청하자. 예를 들면, "처음에는 가격 때문에 회의적이었어요. 하지만 지금은 다른 회사 대신에 XYZ 잔디 서비스를 이용한 것이 얼마나 기쁜지 이루 말할 수 없습니다. 내 잔디밭을 이렇게 자랑하고 싶었던 적이 없어요."

## 추천 후기는 짧게

적절한 추천 후기를 받게 되면, 이를 짧게 만들어서 한눈에 훑어볼 수 있게 하라. 당신이 직접 후기를 작성한 뒤 이를 고객에게 보내 승인을 받을 수도 있다. 내 말은, 없는 사실을 꾸며내거나 거짓말을 하라는 것이 아니다. 당사로 인해 고객의 삶이 어떻게 바뀌었는지 들었던 내용이 있을 수 있고, 다른 그 누구보다도 당신이 후기를 어떻게 쓰면 좋을지 잘 알고 있을 것이기 때문이다. 몇 개의 짧은 문장을 모아서 그들에게 보내 허가를 받도록 하자.

고객들은 작가가 아니다. 그리고 그들은 마케팅 전문가도 아니다. 지금 당신은 어쩌면 나도 마케팅 전문가가 아닌데, 라고 생각하고 있을지도 모르겠다. 하지만 이 책을 이 정도까지 읽었다면 당신은 90% 이상의 전문 마케터들보다 더 많은 것을 알고 있다고 볼 수 있다.

## 얼굴 사진을 사용하라

추천 후기와 함께 고객의 얼굴 사진 사용을 고려해보자. 그렇게 하면, 후기가 훨씬 더 개인적인 추천처럼 보이고 더 신뢰할 수 있으며, 더 공감 간다고 느껴질 수 있다.

사람들은 자신의 신원을 기꺼이 공개하는 이들의 말을 신뢰하는 경향이 있다.

　기밀 유지 협약<sub>NDA, Non-disclosure Agreement</sub>을 맺은 것이 아니라면, 고객들의 이름과 이미지를 이용해보자.

---

**이제 당신의 차례이다.**
웹사이트에 넣을 몇 개의 추천 후기를 모으자. 여기서 초안을 작성하고 최종본을 본 도서 뒤편에 첨부한 와이어 프레임에 옮겨 적어라. 전체 웹사이트 와이어 프레임이 어떻게 완성되어 가는지 살펴보자.

　추천 후기 #1

　_____
　_____
　_____
　_____


　추천 후기 #2

　_____
　_____
　_____
　_____


　추천 후기 #3

　_____
　_____
　_____
　_____

---

## 웹사이트에 거래 업체 로고를 포함하는 것은 권위를 높여준다

권위를 높일 수 있는 또 다른 방법은 B2B 거래 상대방의 로고를 포함하는 것이다. 또한, 당사를 기사에 실었던 언론 매체의 로고도 넣을 수 있을 것이다.

로고를 포함하면 좋은 점은 웹사이트에서 많은 공간을 차지하지 않으면서도 방문자들이 웹사이트를 훑어볼 때 '이 사람들은 꽤 전문성이 있다'는 인식을 심어줄 수 있다는 것이다.

우리는 종종 스토리브랜드에 대하여 "그런데 이것이 저에게 효과가 있을까요?"라는 질문을 받곤 한다. 이러한 의구심을 제거하기 위해서 우리는 웹사이트에 다양한 업체의 로고를 삽입하였다. 가끔 웹사이트를 업데이트하지만, 비영리단체, 중소기업, 국내외 브랜드, 대기업 등의 로고들은 항상 잘 보이는 위치에 둔다. 우리는 또한 'B2B와 B2C 회사에 효과적인 스토리브랜드'라는 섹션도 추가하였다. 여기에는 스토리브랜드 워크숍을 진행했던 다양한 유형의 비즈니스 분야가 모두 나열되어 있다. 이는 빠르게 권위를 부여함과 동시에 자신의 회사는 스토리브랜드와는 적합하지 않을 것이라는 부정적 인식을 극복하도록 해준다.

웹사이트에 반드시 로고들을 넣을 필요는 없지만, 만약 당신의 회사가 다양한 고객과 함께 일하고 있다면 웹사이트는 "이 회사가 우리 같은 분야의 회사와도 일할까?"라는 질문에 답할 수 있는 훌륭한 공간이다. 다양한 로고를 통해 당신의 업무 영역을 보여주도록 하자.

**이제 당신의 차례이다.**

당신의 웹사이트에 어떤 로고들을 넣을 것인가? 여기서 초안을 작성하고 최종본을 본 도서 뒤편에 첨부한 와이어 프레임에 옮겨 적어라. 전체 웹사이트 와이어 프레임이 어떻게 완성되어 가는지 살펴보자.

로고들

_____

_____

_____

## 권위를 보여줄 수 있는 통계를 포함하라

통계는 권위를 입증해 보일 수 있는 또 다른 좋은 방법이다. 이때 통계는 당신이 고객의 문제를 풀 수 있는 능력을 갖췄다는 사실을 빠르고 분명하게 알려야 한다.

다음은 역량을 입증하는 몇 가지 통계 예시이다.

ex
- ⓥ 사람들을 도와 온 기간(사업 기간)
- ⓥ 수여 받은 상들
- ⓥ 서비스한 고객 수
- ⓥ 당신의 서비스로 인해 절약된 고객들의 시간
- ⓥ 당신의 서비스로 인해 고객이 얻은 이익

## 가이드 섹션을 종합해보자

앞에서 웹사이트의 가이드 섹션 작성에 도움이 될 수 있는 많은 예시를 제공하였다. 하지만 이 섹션은 길거나 복잡할 필요가 전혀 없다는 것을 기억하자.

앞에서 본 예시들을 모두 사용할 필요는 없다. 만약 추천 후기가 없다면, 걱정하지 마라. 나중에 웹사이트에 포함해도 된다. 상을 하나도 받지 못했다고 해도 걱정하지 마라. 이 섹션에서는 빠르게 공감을 보여주고 빠르게 권위를 입증한 후 다음으로 넘어가면 된다. 절대 잊지 말아야 할 것은 당신 자신에 관해서 이야기하는 것이 아니라 고객들을 이야기 속으로 초대해야 한다는 사실이다. 이야기 속에서 당신은 주인공이 아니라 가이드 역할을 하는 것이므로 당신을 고객의 전문적인 가이드로 포지셔닝하고 고객들을 의미 있는 이야기 속으로 안내하도록 하자.

다음은 가이드 섹션이 웹사이트에서 어떤 식으로 표현될 수 있는지 보여주는 예시이다.

**우리 고객이 어떻게 적게 일하면서 더 많이 팔고 있는지 확인하세요.**
OrderMyGear를 사용해 3.5억 달러의 매출을 올리는 수천 개의 회사 중 하나가 되세요.

"OrderMyGear는 제가
더 나은 세일즈맨이 되게 해줬어요."
Midwest 스포츠용품점이
어떻게 적게 일하고 더 많이 파는지 확인해 보세요.

**이제 당신의 차례이다.**
웹사이트의 가이드 섹션을 구상해보자. 여기서 초안을 작성하고 최종본을 본 도서 뒤편에 첨부한 와이어 프레임에 옮겨 적어라. 전체 웹사이트 와이어 프레임이 어떻게 완성되어 가는지 살펴보자.

## 섹션 5: 계획The Plan

고객을 위해 길을 닦으면, 고객들은 이를 따라올 것이다. 웹사이트의 계획 섹션은 당신과 거래하기 위해서 어떤 경로를 따라야 하는지 고객들에게 알려주는 부분이다.

어떤 절차를 거쳐야 하는지 시각적으로 보여줌으로써, 고객들은 거래가 얼마나 쉽게 이뤄지는지 확인하고 다음 단계를 파악할 수 있다.

우리가 계획 섹션을 추천하는 이유는 사람들이 혼란스러운 상황을 불편해하기 때문이다. 만약에 제품이나 서비스를 구매하기 위해 거쳐야 하는 절차가 혼란스러우면, 고객들은 좀 더 알아보고 다시 방문하겠다는 핑계를 대며 웹사이트를 떠날 것이다. 그러고는 아마도 다시 돌아오지 않을 것이다.

당신에게는 구매 절차가 무척 명백하다고 느껴지더라도 고객에게는 그렇지 않을 수 있다. 고객들은 매일 수많은 상업 광고와 광고 문구의 공세를 받는다. 구매 절차가 아무리 명백하고 쉽게 파악할 수 있게 되어 있어도, 그들은 '그 명백한 것을 알아내기 위해' 두뇌를 쓰려고 하지 않는다.

고객이 구매를 고려하고 있을 때, 제품 및 서비스를 구매하는 데 거쳐야 하는 아주 간단한 절차를 알려주자.

개그맨 브라이언 리건Brian Regan은 자신의 스탠드업 코미디 쇼에서 팝 타르트 박스 겉면에 먹는 방법이 적힌 것에 관해 언급한 적이 있다. 그는 그 방법이 아주 단순하다는 점을 지적하며, 태어나서 무언가를 먹어본 경험이 있는 사람이라면 그것을 모르는 사람이 없을 것이라고 조롱했다.

팝 타르트를 먹기 위한 3단계 과정을 정말로 알아야 하는 사람이 있을까?

물론 없다. 하지만 코미디는 제쳐두고, 박스 겉면에 적힌 그러한 '계획'은 성공적인 결과를 얻는 방법이 생각보다 간단하다는 메시지를 소비자의 무의식적인 마음에 전하는 한 방법이다. '팝 타르트 박스를 열고-팝 타르트를 데운 다음-팝 타르트를 먹는다'라는 세 단계의 시각적 표시가 실제로 말하는 것은 다음과 같다. "이것은 굉장히 쉽습니다. 단 몇 분이면, 혈관 안에 당분이 보충될 것입니다!" 그리고 이 단순한 메시지는 결국 판매로 이어진다.

계획 섹션을 웹사이트에 추가하는 것은 마치 고객들에게 "이 구매 절차에서 실패하는 것은 불가능합니다"라고 알려주는 것과 같다.

## 3단계를 사용하는 것이 핵심이다

우리는 3단계의 계획을 추천한다. 원한다면 4단계를 사용할 수도 있지만, 4개를 초과하여 넣지 않도록 하자. 단계가 더 많을수록, 시각적으로 더 복잡해 보일 뿐만 아니라 이 절차를 기꺼이 밟고자 하는 고객의 수도 줄어들 것이다.

현실적으로는 거래 성사를 위해 7~8개의 단계를 거쳐야 할 수도 있지만, 가능하다면 이 중 일부를 결합하여 3단계로 만들자. 3단계만 있는 것이 간단하고 쉬워 보인다.

예를 들어, 만약 당신이 파티를 개최하기 위해 출장 요리 서비스를 찾는다고 하면, 거래 과정을 3단계로 나누어 놓은 업체와 거래하게 될 가능성이 더 크다.

ex ⓥ 어떤 파티인지 알려주십시오.
　ⓥ 맞춤 메뉴를 구성해 드리겠습니다.
　ⓥ 최고의 파티를 개최하십시오.

출장 요리 서비스를 찾고 있는데 어떤 업체의 웹사이트에 "우리는 당신이 가장 좋아하는 출장 요리 서비스가 될 것을 약속합니다"라고 간단하게 적혀 있지만, 이를 이용하기 위한 간단한 절차에 관해서는 찾아볼 수 없다고 하자. 아마 당신은 거래 과정에서 약간의 짜증과 혼란을 느낄 것이다. 요리 서비스를 선정하고 음식을 집으로 가져다주는 것까지 전체 진행 과정이 불분명하다면, 고객은 거래 과정이 명확한 다른 업체 서비스를 이용하게 될 것이다.

## 계획 섹션을 시각적으로 단순하게 만들어라

계획의 각 단계는 한 단어나 간단한 문구로 표현하는 것이 좋다. 사람들은 웹사이트를 제대로 읽기 전에 눈으로 먼저 훑어보는 경향이 있다는 것을 기억하자. 주요 단어들은 굵게 표시하거나 글머리 기호를 사용하여 훑어보더라도 쉽게 파악할 수 있도록 하라.

또한, 각 단계를 아이콘으로 표시하거나 굵은 글씨의 제목과 짧은 설명 등으로 표현할 수도 있을 것이다. 그렇게 해서 고객들이 너무 많은 정신적 칼로리를 소모하지 않고도 성공적으로 거래하기 위해 어떤 절차를 따라야 하는지 알 수 있도록 하자.

### 당신의 아이를 말하게 할 수 있습니다!

**1. 코스를 구매합니다.**

기억하기 쉬운 실용적인 팁들을 총 10개, 각 10분 이하의 모듈을 통해 배우세요.

**2. 비결을 터득합니다.**

일상에서 사용할 수 있는 단순한 말의 비결을 발견하세요.

**3. 아이가 말하게 됩니다.**

이제 좌절감 대신 당신의 아이와 함께하는 매일매일을 사랑으로 채우세요.

**대기 명단 작성**

고객이 당신과 거래하는 과정을 세 단계로 나눌 수 있는가?
그 단계들은 어떻게 되는가?
예를 들면, 1. 전화하기 - 2. 계획수립 - 3. 실행/결과
아래 빈칸에 3단계 과정으로 구성한 계획을 작성해보자. 어떻게 하면 당신의 고객들을 성공적인 결과로 이끌 수 있을까?

1. _____

2. _____

3. _____

이제 각 단계를 나타내는 문구, 즉 제목이 완성되었으니 이 제목 아래에 한두 문장으로 각 단계를 조금 더 자세히 설명해보자. 이 문장에서는 고객이 이 단계를 거치면 얻을 수 있는 이익에 관해 이야기하거나 거래 과정을 조금 더 명확하게 할 수 있는 정보를 공유할 수 있다.

예를 들면, 계획의 1단계가 '전화하기'라면, 고객들은 이 통화로부터 어떤 이득을 볼 수 있는가? 시간을 절약할 수 있는가? 자신과 잘 맞는 제품 또는 서비스인지 파악할 수 있는가? 현재 가지고 있지 않은 새로운 정보를 얻을 수 있는가? 만약 2단계가 '플랜 선택'이라면, 고객들은 더 이상 시간 낭비를 하지 않아도 되는가? 그들은 향후 거래 과정을 잘 알고 있는 전문가의 조언을 얻게 되는가?

계획의 각 단계는 고객이 얻게 되는 이점에 관해서 설명하는 몇 마디 말을 포함하고 있어야 한다. 잠시 시간을 내어 고객이 각 단계를 거칠 때마다 얻을 수 있는 이점이 무엇인지 생각해보자.

**1. 일정 예약**

타일러와의 상담을 통해 목표 설정을 도와드립니다.

**2. 플랜 작성**

목표를 달성할 수 있는 구체적인 플랜을 함께 작성합니다.

**3. 성과 확인**

시애틀의 치열한 주택 시장에서 아무런 스트레스 없이 성공적인 결과를 누리게 됩니다.

1단계의 이점들

_____

_____

_____

2단계의 이점들

_____

_____

_____

3단계의 이점들

_____

_____

_____

이제 계획 섹션을 하나로 통합해보자. 웹사이트의 계획 섹션이 어떤 식으로 구성되면 좋을지 아래에 개요를 작성해보자. 아이콘이나 숫자를 사용하여 계획의 각 단계를 표시하고 그 아래에 짧은 설명을 삽입하자.

**이제 당신의 차례이다.**
웹사이트의 계획 섹션을 스케치해보자. 여기서 초안을 작성하고 최종본을 본 도서 뒤편에 첨부한 와이어 프레임에 옮겨 적어라. 전체 웹사이트 와이어 프레임이 어떻게 완성되어 가는지 살펴보자.

_____

_____

_____

## 섹션 6: 설명 단락The Explanatory Paragraph

우리는 종종 클라이언트들로부터 '웅얼웅얼 테스트'를 통과하도록 글을 다듬고 나면 고객들의 모든 질문에 답변할 수 없고 필요한 모든 정보를 제공할 수 없으며(특히 복잡한 제품이나 서비스의 경우), 고객이 거래를 위해 알아야 하는 모든 것을 전달할 수 없는 것 같다는 걱정을 듣곤 한다.

그러나 랜딩 페이지나 웹사이트에 더 많은 상세 페이지를 넣으면, 더 많은 내용으로 채울 수 있다.

대부분은 웹사이트 상단에 글자가 너무 많으면 그냥 나가버린다. 우리가 앞서 권유한 대로 웹사이트를 디자인했다면, 방문자들은 이미 당신에게 흥미를 느끼고 있을 것이다. 당신이 무엇을 제공하는지, 그것이 고객의 삶을 어떻게 개선해줄지, 그리고 그것을 사기 위해서는 어떤 절차를 거쳐야 하는지 이미 다 알려주었으니, 이 섹션에서는 당신의 제안에 관해서 조금 더 자세히 설명해도 좋다. 흥미를 느끼고 있는 잠재적인 고객들은 당신에게 기꺼이 조금의 시간을 더 내어줄 것이기 때문이다.

## 설명 단락에서 검색 엔진 최적화SEO를 할 수 있다

만약 웹사이트의 검색 엔진 최적화SEO, Search Engine Optimization*에 대해 우려하고 있다면, 설명 단락이 그 고민을 덜어줄 것이다. 검색 엔진 최적화 알고리즘은 자주 바뀌지만, 제품 홍보 문구가 들어간 긴 텍스트를 포함하는 것은 최적화에 도움이 된다.

게다가, 긴 형식의 설명 단락을 포함하는 것은 제품이나 서비스를 구매할지 말지 결정하려고 리서치하는 고객들이 구매를 결정하는 데 충분한 주의를 기울였다고 느끼도록 한다.

대부분은 충동적으로 구매하는 것을 좋아하지 않는다. 뇌에는 건전한 조절 장치가 있어서 구매 행위가 몇 가지 기준을 충족하는지 체크하고 싶어 하고, 이는 마치 충분한 리서치를 한 것처럼 느끼게 한다. 따라서 잠재 고객 대부분에게 설명 단락은 마치 가려운 곳을 긁어주는 느낌을 줄 것이다.

그런데, 이 설명 단락은 엉망으로 구성되기 쉽다. 만약 회사의 역사를 나열하고 회사의 업적이 얼마나 자랑스러운지 장황하게 이야기하고 있다면, 당신은 고객이 시간을 낭비하도록 하고 있는 것이다.

고객들이 진정으로 원하는 것은 이야기 속으로 초대받는 것이다. 당신이 작성한 설명 단락은 사이트를 방문한 고객을 성공에 다다른다는 결론에 도달하는 이야기 속으로 초대해야 한다.

---

* 다양한 검색 엔진에서 자신이 운영하는 웹사이트, 블로그, 동영상 사이트 채널, SNS 등의 검색 순위를 끌어올려 더 많은 잠재 고객이나 시청자를 유입하도록 하는 작업을 말한다. SEO에는 다양한 방법이 있으나 가장 먼저 해야 할 것은 웹사이트나 웹페이지의 제목과 설명을 내가 판매하는 제품이나 서비스에 맞게 확정하여 기재하는 것이다. 그러므로, 여기서 설명하는 '설명 단락'은 SEO에 매우 중요하다고 할 수 있다.

## 고객을 이야기 속으로 초대하라

만약 나의 책 『무기가 되는 스토리Building a StoryBrand』를 읽었다면, 고객을 어떻게 이야기 속으로 초대할지 이미 알 것이다. 하지만 읽지 않았더라도 걱정하지 마라. 여기서 쉽게 글 쓸 수 있는 빠르고 간단한 공식을 공유할 것이다. 처음에는 이 공식 그대로 따라 하는 것을 추천하는데, 나중에는 본인의 스타일에 맞게 뉘앙스를 살짝 바꾸도록 하자.

설명 단락은 다음과 같은 내용으로 구성될 것이다.

- ⓥ 고객이 되고 싶어 하는 모습을 파악한다.
- ⓥ 고객이 원하는 것을 파악한다.
- ⓥ 고객을 방해하고 있는 문제를 정의한다.
- ⓥ 당신을 고객의 가이드로 포지셔닝한다.
- ⓥ 고객의 문제를 해결할 방안을 공유한다(당신의 제품을 포함하여).
- ⓥ 고객에게 행동을 촉구한다.
- ⓥ 고객의 삶에 대한 비전을 제시한다.

이 마법 같은 단락은 본질적으로 잠재 고객들이 빠져들게 될 이야기의 구조를 따르고 있다. 그들은 이 단락을 읽으면서 분명 그렇게 느낄 것이다.

빈칸 채우기 형식의 아래 단락을 살펴보자. 독자들이 스스로 작성할 수 있도록 각 부분에 관한 상세 설명을 덧붙였다.

## 설명 단락 예시

_____[회사명]는/은 당신이 _____[동경하는 정체성. 고객들은 어떤 사람이 되고 싶어 하는가?]처럼 되고 싶어 한다는 것을 잘 알고 있습니다. 그렇게 되려면, 당신은 _____[당신의 제품과 관련하여 고객이 원하는 것은 무엇인가?]이/가 필요합니다. 문제는 _____[고객들을 방해하고 있는 물리적 문제는 무엇인가?]이며, 그로 인해 당신은 _____[그 문제로 인해 고객들은 어떻게 느끼고 있는가?]라고 느끼고 있을 것입니다. 저희는 _____[어느 누구든 그 문제로 고통을 받는 것은 왜 명백한 잘못인가?]라고 믿습니다. 저희는 _____[공감하는 표현]를/을 충분히 이해합니다. 그것이 바로 저희가 _____[문제를 해결할 수 있는 당신의 능력을 설명하라]는 이유입니다. 이 제품/서비스는 다음과 같은 절차를 통해 이용하실 수 있습니다. _____[3단계 계획은 무엇인가: 1단계, 2단계, 3단계]. 그러므로 _____[행동 촉구]하면, 더는 _____[고객이 거래하지 않았을 경우 발생할 수 있는 부정적인 것은 무엇인가?]를/을 겪지 않고, _____[고객이 거래할 경우 고객의 삶은 어떻게 개선될 수 있는가?]할 수 있습니다.

설명 단락이 매끄럽고 쉽게 이해될 때까지 쓰고, 또다시 쓰자. 이 설명 단락을 통해 하려는 것은 고객의 머릿속에 구매의 당위성을 그려주는 것이다. 이 단락을 읽고 나면, 고객들은 무엇이 그들을 불편하게 해왔는지, 그것을 극복하기 위해서는 어떻게 해야 하는지, 그리고 이를 위해서는 어떤 절차를 거쳐야 하는지 깨닫게 될 것이다. 그들의 삶에서 당신의 제품 및 서비스가 필요한 이유가 생기는 것이다.

그리고 사람들은 명확한 쪽으로 향하고 혼란스러운 것에서 멀어지려고 한다는 사실을 잊지 말자.

나의 수많은 클라이언트는 웹사이트의 설명 단락을 읽은 후 구매를 결정했다고 나에게 알려주었다. 그들이 나에게 실질적으로 이야기하는 것은, 나의 제품이 필요한 이유가 생기고 그들 스스로 구매 과정에 상당한 주의를 기울였다고 느낀 후에야 제품을 주문했다는 사실이다.

설명 단락은 이 두 가지를 모두 달성할 수 있는 훌륭한 방법이다.

## 설명 단락에 관한 다른 옵션: 고객의 거부감을 해소하라

설명 단락을 작성하는 또 다른 방법은 고객의 거부감을 해소하도록 작성하는 것이다.

웹사이트를 방문하는 모든 잠재 고객은 제품이나 서비스를 구매하는 데 의구심이나 두려움을 느낀다. 설명 단락은 그러한 두려움을 해소하고 거래를 방해하는 장애물들을 제거할 절호의 기회이다. 때로는 거부감이 드는 이유 하나를 해소하는 것만으로도 매출로 이어질 수 있다.

이 단락을 작성하기 위해서, 먼저 누군가 당신과의 거래를 망설이는 다섯 가지 이유를 나열해보라.

주문하기를 망설이는 고객들에게서 많이 듣는 변명이나 의문점 다섯 가지는 무엇인가?

아마도 다음과 같을 것이다.

> [ex] ⊘ 제품이 너무 비싸다.
> ⊘ 정말 효과가 있을지 의심스럽다.
> ⊘ 만약 나한테 아무런 효과가 없으면 어떻게 되는가?
> ⊘ 광고하는 것만큼 품질이 좋은지 의심스럽다.
> ⊘ 전체 과정이 너무 오래 걸릴 것만 같다.
> ⊘ 사용 방법이 어려울 것 같다.
> ⊘ 비슷한 걸 사용해봤는데 효과가 없었다.

거부감이 드는 이유 다섯 가지를 나열한 후에, 각각에 대한 해결방안 하나 혹은 두 개를 문장으로 작성해보자.

예를 들면, "과정이 복잡한가?"라는 질문에 대해서는 "앞으로 X에 대해 걱정하실 필요가 없도록 제품을 사용하는 쉬운 과정을 안내해드리겠습니다"라는 답변을 작성할 수 있겠다. "만약 내가 만족하지 못한다면 어떻게 되는가?"라는 질문이라면, "불만족 시 100% 환불해드리는 보장 제도가 있습니다"라고 답할 수 있을 것이다.

모든 질문에 대한 답을 작성하고 나서는 이를 하나의 단락으로 구성하여 웹사이트에 삽입하도록 하자.

아래에 고객이 당신과 거래하지 않을 다섯 가지 이유를 나열하고, 이를 해결할 만한 응답을 작성해보자.

🗒 이유 #1

_____

_____

_____

🖥 응답 #1

_____

_____

_____

🗒 이유 #2

_____

_____

_____

📑 응답 #2

---

---

---

📄 이유 #3

---

---

---

📑 응답 #3

---

---

---

📄 이유 #4

---

---

---

📑 응답 #4

---

---

---

만약 설명 단락에 앞서 설명한 두 가지 예시를 모두 사용하고 싶다면, 그렇게 해도 괜찮다. 고객은 랜딩 페이지를 계속 아래로 넘기며 볼 수 있어서 글과 이미지가 흥미롭기만 하다면 랜딩 페이지는 길어도 된다. 만약 두 가지 모두를 설명 단락에 넣고 싶다면, 랜딩 페이지가 너무 많은 글로 **빽빽**하게 보이지 않도록 몇 개의 섹션으로 잘 구분하도록 하라. 고객들은 너무 많은 글자를 접하게 되면, 제품을 사는 과정이 너무 복잡하리라 생각하고 포기할 가능성이 크다. 고객은 제품을 구매하고 수령하는 과정이 수월하기를 원한다는 것을 절대 잊지 말자. 그러므로 이 긴 형식의 단락에서도 글을 너무 많이 담지는 말자.

**이제 당신의 차례이다.**

아래 빈칸에 당신만의 설명 단락(하나 또는 두 가지 타입 모두)을 작성해 보자. 여기서 초안을 작성하고 최종본을 본 도서 뒤편에 첨부한 와이어 프레임에 옮겨 적어라. 전체 웹사이트 와이어 프레임이 어떻게 완성되어 가는지 살펴보자.

## 섹션 7: 동영상The Video

이 부분은 세일즈 피치Sales Pitch*를 소개할 또 다른 기회이다. 바로 동영상을 삽입하게 될 섹션이다. 동영상을 반드시 넣어야 하는 것은 아니지만, 메시지를 서술적이고 시각적으로 반복해서 표현하는 동영상을 권장한다.

많은 잠재 고객이 글로 된 부분은 제대로 읽지 않고 바로 동영상 섹션으로 스크롤을 내린다. 이런 이유로, 동영상은 앞에서 이미 말한 것들을 단순히 반복하면 된다.

---

\* 제품 또는 서비스를 판매하기 위해 고객을 설득하는 행위를 말한다.

그리고 웹페이지의 글을 이미 읽은 고객일지라도 동영상을 시청함으로써 당신의 제안을 기억하고 암기하는 데 도움이 된다.

동영상 제작은 복잡하게 할 필요는 없다. 사실, 당신이 직접 마이크를 이용해 설명 단락을 읽고 제품을 사용하고 있는 사람들의 이미지 위에 텍스트를 넣는 식으로 구성하는 정도만 해도 괜찮다.

여기서 좀 더 나은 버전을 만들고 싶다면, 고객의 추천 후기 또는 회사의 CEO 메시지 등을 포함해 설명 단락을 좀 더 상세히 설명하는 것을 고려해보자.

동영상을 넣을 예정이라면, 다음과 같은 몇 가지 규칙을 따르는 것을 추천한다.

① 짧게 만들어라
전문가 대부분은 웹사이트의 상업용 영상은 3분을 넘지 않아야 한다고 말한다. 나는 일반적인 규칙으로서 이에 찬성하지만, 동영상이 무척 흥미롭다면 5분 또는 그 이상이 될 수도 있다고 생각한다. 그렇지만, 나는 도저히 줄일 수 없을 것 같은 5분짜리 동영상을 본 적이 거의 없다.

② 시선을 사로잡아라
한 연구에 따르면, 웹 동영상 시청자의 33%는 영상의 앞부분 30초만 보고 다른 곳으로 이동한다고 한다. 가능한 한 빨리 시청자의 주의를 사로잡도록 하자. 어떻게? 우리가 해결할 문제에 관한 내용을 시청자가 가장 먼저 보도록 해야 한다. 고객을 위해 어떤 문제를 해결하는가? 시작하자마자 바로 문제를 언급하고 다음으로 넘어가자.

③ 이메일 주소를 제공하면 더 긴 동영상을 보여주는 방식을 고려해보라
만약 잠재 고객이 더 긴 동영상을 보는 대가로 이메일 주소를 제공

했다면, 실제로 영상을 더 오래 시청하지 않을까? 왜 그럴까? 왜냐하면, 무엇인가를 '투자'했으니 동영상을 좀 더 진지하게 생각할 것이기 때문이다. 만약 15~20분 정도 길이의 테드 토크TED Talk처럼 유용하고 매력적인 정보를 담은 조금 더 긴 동영상을 제공할 수 있다면, 이를 리드 제너레이터로 활용하여 이메일 주소를 받는 대가로 제공하는 것을 고려해보자. 하지만 동영상 전체를 웹 페이지에 올리지는 마라. 별도의 랜딩 페이지를 통해 긴 동영상을 따로 제공하도록 하라.

④ **동영상에 제목을 붙이자**

많은 사람이 단순히 웹사이트에 유튜브 링크를 걸어두는 것으로 끝내고는 한다. 이것은 잘못된 방법이다. 사람들이 동영상을 보고 싶게끔 해당 동영상의 재생 버튼 위에 굵은 텍스트로 제목을 표시해보자. 동영상 조회 수가 급격히 늘어나는 것을 보게 될 것이다. "저희가 어떻게 수천 명의 고객이 OO 문제를 해결하도록 도왔는지 확인해보세요." 또는 "우리의 프로세스가 어떻게 다른지 확인해보세요"와 같은 제목을 생각해보자.

여기에서 보편적인 규칙은 동영상이 세일즈 피치가 되어야 한다는 사실이다. 반드시 거래를 성사시키는 데 도움이 되어야 할 것이다. 동영상을 설치 미술 작품처럼 모호하고 이해하기 어렵게 만드는 실수를 범하지 말자. 고객들은 간결하고 명확하며 흥미로운 형태의 제품 설명을 듣고 싶어 하며, 동영상은 이를 보여줄 좋은 기회이다.

이제 당신의 차례이다.

동영상의 제목은 무엇으로 할 것인가? 동영상에는 어떤 내레이션을 삽입하기를 원하는가? 동영상을 만들기 위해서는 어떤 장면을 촬영해야 하는가? 아래 빈칸에 아이디어들을 적어두자. 동영상 제작을 주요한 프로젝트로 정하고 몇 달간 시간을 들여 수행해보자. 여기서 초안을 작성하고 최종본을 본 도서 뒤편에 첨부한 와이어 프레임에 옮겨 적어라. 전체 웹사이트 와이어 프레임이 어떻게 완성되어 가는지 살펴보자.

동영상 만들기에 관한 노트:

_____

_____

_____

## 섹션 8: 가격 선택Price Choices

본론으로 들어가 보자. 많은 회사가 서비스별로 다른 맞춤형 가격 체계를 가지고 있거나, 웹사이트에 모두 나열하기에는 너무 많은 제품 가격 리스트를 가지고 있다. 모든 가격을 웹사이트에 표시해야 한다고 생각하지는 말자.

하지만 가격이 확실하게 정해진 상품을 판매하고 있고 이를 웹사이트에 게시할 의향이 있다면, 가격 리스트와 함께 고객들이 각 가격대에서 받는 혜택을 나열하라.

또한, 고객이 가격이나 상품 리스트 중 하나를 클릭하면 이 링크는 오직 그 특정 상품에 관하여 보여주는 페이지로 이동해야 한다. 상품 랜딩 페이지는 기본 랜딩 페이지를 만들 때 사용한 기본 공식을 그대로 따르되 텍스트와 이미지는 해당 제품에 맞게 만들면 된다.

이렇게 하면 여러 개의 링크와 웹사이트로 이루어진 복잡한 구조로 이루어졌더라도, 고객들이 혼란을 느끼거나 헷갈리지 않을 것이다.

제품 가격 리스트를 작성할 때는 세 가지 다른 옵션으로 구성하는 것을 추천한다. 단 하나의 제품만 가지고 있더라도, 이를 다른 제품이나 서비스와 패키지로 구성하여 세 개의 다른 가격 옵션을 만드는 것을 고려해보자. 왜? 고객들은 선택할 수 있는 옵션이 있는 것을 좋아해서 몇 가지 옵션이 제공되면 그중 하나를 선택하여 구매할 가능성이 훨씬 더 커지기 때문이다.

만약 많은 수의 제품을 판매하고 있다면, 랜딩 페이지에는 베스트셀러 제품만을 보여주고 고객이 '쇼핑하기' 등을 클릭하면 카탈로그 형식의 페이지로 이동할 수 있게 만들어라. 혹은 '남성', '여성', '유아'와 같은 카테고리로 구분하고, 카테고리별 상품의 랜딩 페이지 내에 세 가지 가격 옵션을 포함하라.

이 세 가지 가격 옵션에 대해서 말하자면, 스토리브랜드 인증 마케팅 가이드들의 상당수는 고객들이 보통 중간 가격대로 선택한다는 것을 발견했다. 대부분 가장 싸거나 가장 비싼 것은 피하면서, 좋은 가치를 추구한다.

다시 강조하면, 각 가격대에서 고객이 무엇을 얻을 수 있는지 명확히 설명한다면 더 높은 매출을 기대할 수 있을 것이다.

다음의 예시는 간단한 가격 옵션을 웹사이트에 어떻게 기재할지 보여준다.

| 천천히 익힌 스튜 같은 습식 개 사료 3,900원 | 오리고기가 들어 간 습식 개 사료 3,900원 | 양고기가 들어간 습식 개 사료 4,900원 | 야생 캥거루고기가 들어간 습식 개 사료 6,500원 |

**이제 당신의 차례이다.**

웹사이트의 가격 섹션은 어떤 식으로 구성할 것인가? 여기서 초안을 작성하고 최종본을 본 도서 뒤편에 첨부한 와이어 프레임에 옮겨 적어라. 전체 웹사이트 와이어 프레임이 어떻게 완성되어 가는지 살펴보자.

## 🔍 섹션 9: 정리 서랍Junk Drawer

웹사이트에서 가장 중요한 섹션이다. 당신이 중요하다고 생각했던 모든 것을 정리해 놓을 수 있는 곳이기 때문이다!

많은 웹사이트가 상단에 너무 많은 버튼과 옵션을 두고 있다. 그런 것 대부분을 웹사이트 하단, 정리 서랍이라고 부르는 곳에 두는 것을 강력하게 추천한다.

페이지 상단에 너무 많은 링크를 두는 것을 선호하지 않는 이유는 잠재 고객이 의사 결정을 함에 있어 피로감을 느낄 수 있기 때문이다. 가장 중요한 링크는 직접적 행동 촉구와 전환적 행동 촉구에 관한 것인데, 이는 다음 Chapter에서 다루도록 하겠다.

채용 기회, 연락처 정보, 회사 정보 등을 찾고 싶은 사람들은 기꺼이 아래로 스크롤해서 관련 링크를 찾을 것이므로, 페이지의 상단은 아직 우리에게 충분한 시간을 내어줄 마음이 없는 사람들을 위해 남겨두자.

연락 정보, 자주 하는 질문, 회사 정보, 채용 정보 등은 페이지 하단으로 이동하고, 원한다면 찾을 수 있도록 하자. 정리 서랍을 이용하여 어수선한 것들을 정리하자!

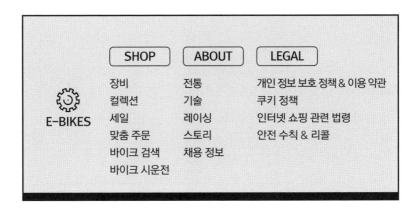

당신의 웹사이트 정리 서랍에는 어떤 것들을 포함할 것인가?

_____

_____

_____

당신의 웹사이트 정리 서랍에 넣을 모든 것을 적어보자. 여기서 초안을 작성하고 최종본을 본 도서 뒤편에 첨부한 와이어 프레임에 옮겨 적어라. 전체 웹사이트 와이어 프레임이 어떻게 완성되어 가는지 살펴보자.

# 모든 섹션을 통합하여
# 효과적인 웹사이트를 만들어보자

웹사이트에는 다른 많은 섹션으로 구성할 수 있지만, 앞서 설명한 아홉 가지 섹션은 우리가 가장 중요하다고 생각하는 것들이다. 수백 명의 가이드가 그동안 수많은 기업의 웹사이트 구축을 도와주었고, 이들이 꽤 효과적이었으니 이 방법이 잘못된 것은 분명히 아닐 것이다. 당신 회사와 비슷한 다른 회사들에 효과가 있었다면, 분명히 당신에게도 효과가 있을 것이다.

이제 모든 섹션이 작성되었으므로, 당신에게 적합한 방식으로 섹션들을 배치해보자.

본 도서 뒤편에 제공한 세일즈 퍼널 와이어 프레임을 이용하여 당신의 새로운 웹사이트 와이어 프레임을 만들어보자.

웹사이트를 만들 수 있는 많은 디지털 툴이 있지만, 나는 종이와 펜을 사용해서 글로 써보는 것을 추천한다. 왜? 손으로 직접 글을 쓰면 무슨 문구를 적을지, 얼마나 많은 단어를 쓸지 훨씬 더 많은 주의를 기울일 수 있기 때문이다. 또한, 겉으로는 예쁘게 보이지만 실제 판매로는 전혀 이어지지 않는 디지털 이미지들에 한눈 팔릴 일도 없을 것이다.

게다가 종이 위에 웹사이트 와이어 프레임을 작성하는 것은 시간이 걸리는 작업이다. 이는 더 느린 과정이고, 따라서 당신이 표현하고 있는 것들에 관하여 더욱 곰곰이 생각하게 된다. 그 시간과 집중은 매출 증대로 이어질 것이다.

충분히 집중하고 시간을 할애하여 구성한 웹사이트의 와이어 프레임을 디자이너에게 넘겨주면, 당신은 이미 대부분을 완료한 것이나 다름없다.

만약 당신이 스토리브랜드에서 교육한 가이드를 고용한다면, 그 가이드는 당신이 어떤 의도를 가지고 웹사이트를 구성하였는지 충분히 이해할 것이다. 하지만 만약 이 책에서 다루는 프레임워크에 익숙하지 않은 누군가와 일한다면, 당신이 만든 웹사이트 와이어 프레임을 쓰지 말자는 설득에 넘어가지 않도록 하라. 다시 한번 말하지만, 우리는 앞서 설명한 웹사이트의 각 섹션이 매출을 창출하고 증가시키는 데 아주 효과적이라는 것을 입증하였다. 무드보드Mood Boards*나 모션 그래픽Motion Graphics과 같은 것에 현혹되어서는 안 된다. 이 웹사이트 프레임워크는 분명히 효과적일 것이다!

웹사이트 와이어 프레임까지 완성하고 나면, 이제 당신은 세일즈 퍼널의 처음 두 개의 구성 요소인 원라이너와 웹사이트 와이어 프레임을 갖추게 된다.

하지만 이것은 시작에 불과하다. 매출 증대의 진정한 핵심은 이메일 주소를 수집하고 이메일 및 판촉물을 발송하는 과정이다. 이 과정은 자동화된 시스템을 통해 매출로 이어진다.

세일즈 퍼널의 세 번째 부분, 리드 제너레이터로 넘어가 보자.

---

\* 회사나 웹페이지가 추구하는 테마나 느낌, 콘셉트를 표현하는 일종의 콜라주를 말한다.

# Chapter 6

# 리드
# 제너레이터

*고객이 자발적으로 이메일 주소를 공유하도록 혜택을 제공하라*

길을 가다 관심이 가는 사람을 만났는데 연락처를 받지 않는다면, 우연히 어딘가에서 다시 마주치지 않는 한 얼마 지나지 않아 그 사람에 대해 잊어버리고 말 것이다.

이런 첫 만남은 어색할 수 있다. 그래서 연락처를 물어보거나 명함을 건네는 것이 다소 민망하게 느껴질 수 있다.

비즈니스 관계에서 리드 제너레이터는 연락처를 자연스럽게 받을 수 있는 좋은 방법이다. 예를 들어, "제가 말씀드린 정보를 이메일로 보내드리겠습니다. 이메일 주소가 어떻게 되시나요?"라고 접근할 수 있다.

리드 제너레이터는 누군가 당신에게 관심을 보일 때 연락처를 확실히 받을 수 있도록 하는 방법이다. 연락처 받을 기회를 절대로 놓쳐서는 안 된다!

# 당신이 흥미롭고 생존에 도움이 된다면 고객들은 연락을 유지하고 싶어 할 것이다

이제 원라이너와 웹사이트가 있으니, 잠재 고객들은 당신이 자신들의 문제점을 어떻게 해결해 줄 수 있는지 궁금해하며 더 많은 정보를 얻고자 할 것이다.

일단 고객들의 첫 관심을 끄는 데는 성공하였으므로, 그들은 기꺼이 당신과 조금 더 많은 시간을 보내려고 할 것이다. 좋은 리드 제너레이팅 PDF는 고객들이 너무 많은 시간을 소요하지 않도록 20분 이내에 읽을 수 있는 분량이 적절하다.

축하한다. 당신은 성공적으로 고객들의 호기심을 불러일으켰고 가이드로서 포지셔닝 되었기 때문에, 고객들은 적극적인 관심을 보이고 기꺼이 시간을 투자하고자 할 것이다.

당신은 고객과 최종 단계인 헌신적 관계Committed Relationship를 맺게 된 것이다.

원라이너가 상대방에게 처음으로 자신을 소개하는 것이라면, 웹사이트 방문은 첫 번째, 두 번째, 그리고 세 번째 데이트와 같다. 그렇다면 리드 제너레이터를 받아 보는 것은 고객이 처음으로 보여준 헌신이라고 할 수 있다.

물론 이것이 구매로 이어진다는 보장은 아직 없지만, 이메일을 공유하였다는 것은 고객이 이미 당신의 비즈니스에 대해 잠재 구매 의사를 보여준 것이다. 이 정도만으로도 아주 대단한 헌신이다.

대부분은 이메일 주소를 쉽게 공유하지 않는다. 잠재 고객들이 이메일을 공유하는 것은 당신에게 1만 원 또는 2만 원의 돈을 주는 것만큼 가치 있는 일이다. 왜냐하면, 고객들은 메일함이 스팸으로 가득 차는 것을 원하지 않기 때문에 이메일 연락처를 공유하는 것을 조심스러워하기 때문이다.

사실, 대부분은 이메일을 전혀 공유하고 싶어 하지 않으며, 점점 더 많은 사람이 이메일 주소를 공유하지 않으려 하고 있다. 하지만 이건 당신에게는 좋은 소식이다. 왜냐하면 그 말인즉슨, 이메일을 공유하는 고객들은 당신의 제품이나 서비스에 매우 관심이 있다는 것을 의미하기 때문이다.

사회가 점점 변화하고 사람들이 더욱 이메일 주소를 공유하지 않을수록, 실제 이메일 주소를 공유한 사람들은 더욱 좋은 충성 고객이 될 가능성이 크다고 판단해도 좋다.

어떻게 하면 고객들이 이메일 주소를 제공하게 만들 수 있을까? 고객에게 훌륭한 혜택을 제공해 준다면 그 대가로 고객의 이메일 주소를 얻을 수 있을 것이다.


## 무료 혜택으로 쌓아가는 신뢰

리드 제너레이터는 권위와 신뢰를 쌓기 위한 하나의 수단으로서 잠재 고객에게 제공하는 무료 정보 및 자산과 같은 것이다.

PDF, 동영상 시리즈, 무료 샘플, 실시간 이벤트 또는 고객의 문제를 해결하는 데 도움이 될 만한 그 어떤 것이든 리드 제너레이터로 쓰일 수 있다.

우리는 리드 제너레이팅 PDF로 먼저 시작하는 것을 권장한다.

비즈니스 메이드 심플Business Made Simple의 마케팅·커뮤니케이션 부문인

스토리브랜드StoryBrand는 '웹사이트에 반드시 포함해야 하는 다섯 가지'라는 하나의 PDF로부터 시작하였다. 수천 명이 이 간단한 PDF를 내려받았고, 그중 수백 명이 우리 마케팅 워크숍에 참여하였다. 그 PDF가 없었다면 우리 기업은 이만큼 성공하지 못했을 것이다.

그 PDF를 시작으로 더 많은 PDF를 제공하며 다양한 세일즈 퍼널을 만들었고, 그다음에는 무료 동영상 강의, 인터넷 세미나, 심지어 무료 라이브 교육 이벤트까지 추가로 진행하며 온택트 마케팅을 다양하게 실행했다. 머지않아 우리는 매일 수백 명의 이메일 주소를 수집할 수 있었고, 우리의 사업은 빠르게 성장하기 시작하였다.

리드 제너레이팅 PDF로 시작하는 것의 가장 큰 장점은 제작 비용이 저렴하다는 것이다. 책을 직접 인쇄 제작해야 했던 예전과는 달리 지금은 리드 제너레이터를 짧고, 시각적이며, 설득력 있고, 유용하지만 매우 짧은 시간 안에 제작할 수 있다.

리드 제너레이터는 당신을 고객의 가이드로 포지셔닝하고, 고객의 질문에 답하고, 고객이 가진 문제를 해결해주고, 흥미를 자극하고, 호혜 관계를 형성하며, 당신이 제공하는 서비스에 대한 신뢰성을 높이고, 잠재고객들이 작은 행동이라도 취하도록 격려하고, 그들이 경험하게 될 성공적인 결과에 대한 비전을 제시하는 것을 넘어, 궁극적으로 고객 육성 캠페인, 판매 촉구 캠페인, 그리고 바라건대 최종 판매 단계에까지 고객을 이끌어야 한다.

# 리드 제너레이터로 성취해야 하는 것은 무엇일까?

성공적인 리드 제너레이터는 다음과 같은 역할을 해야 한다.

① 가이드로 포지셔닝하라

잠재 고객에게 공감과 권위를 보여주는 기회로 활용하라. 당신이 고객들의 문제를 해결해 줄 수 있는 가장 적합한 가이드라는 것을 보여주자.

② 전문가임을 강조하라

다른 회사와 차별화하는 기회로 활용하자. 고객들에게 당신이 가지고 있는 전문 지식과 경험을 공유하여 당신이 고객의 문제점을 전문적으로 해결해줄 수 있다는 점을 알려주자.

③ 맞춤 타겟팅을 하라

리드 제너레이터는 당신이 도달하고자 하는 특정 고객의 흥미를 끌 수 있어야 한다. 만약 여러 분야의 고객에게 도달하고자 한다면, 고객들을 특성에 따라 여러 그룹으로 나누어 각각 다른 유형의 리드 제너레이터를 만들어야 한다. 예를 들면, 당신이 재무 설계사인데 여러 다른 부류의 고객들과 일해야 한다고 가정하자. 이제 막 투자를 시작하는 초보 고객들에게는 '처음 투자하는 사람들이 자주 저지르는 다섯 가지 실수'라는 제목의 리드 제너레이터가 적합할 것이다. 반면, 이미 많은 자산을 가지고 있는 고객들에게는 '자식에게 올바른 경제 관념을 심어주면서 재산을 증여하는 방법'이라는 주제가 적합할 것이다. 이런 각기 다른 주제의 PDF들은 각각 다른 고객 그룹에 의해 다운로드될 것이다. 그렇다면, 이를 활용하여 각각 다른 니즈를 가진 고객 그룹을 대상으로 맞춤형 이메일 캠페인을 만들 수 있다.

④ 문제를 해결함으로써 신뢰를 형성하라

이는 아주 중요한 내용이라서 이 책에서 여러 번 반복해서 강조하고 있다. 모든 비즈니스의 목적은 사람들의 어떤 문제점을 해결해주는 것이다. 당신이 그 문제점에 관해서 이야기하지 않는 한, 고객들은 당신이 왜 존재하는지 이해하지 못한다. 하지만 제품이 고객의 문제를 해결해 줄 것이라 하더라도, 먼저 리드 제너레이터 역시 고객의 문제를 일정 부분 해결해주어야 한다. 무료로 말이다. 고객의 문제 일부를 해결해주기 시작하면 고객들은 당신을 신뢰하게 되고 다른 유사한 문제로도 당신을 찾기 시작할 것이다. 예를 들면, 리드 제너레이터를 통해 유기농 식품을 먹는 것에 관한 영양학적인 조언을 (무료로) 제공한 후에, 정원에서 유기농 채소를 재배하는 방법에 관한 (유료) 강의에 고객들을 초대할 수 있다. 일부 마케팅 전문가들은 "필요한 이유에 관한 정보는 무료로 제공하되 어떻게 얻는지에 관한 방법은 유료로 팔아라"라고 조언한다. 나는 그 주장에 동의하지만 몇 가지 방법을 관대하게 무료로 제공하는 것도 괜찮다고 생각한다. 스토리브랜드는 팟캐스트를 통해 비즈니스 메이드 심플 일일 동영상과 리드 제너레이터들을 제공하며, MBA 과정 대부분에서 제공하는 것보다도 더 많은 정보를 무료로 배포하고 있다. 나는 이것이 손해라고 생각하지 않는다. 누가 무료로 제공하라고 강요하는 것은 아니지만 실제로 돈이 부족한 사람들도 존재하고 돈이 없다고 해서 정보를 얻지 못해서는 안 된다고 생각하기 때문이다. 고객들을 친절하고 너그럽게 대한다면 그들은 나중에 성공한 후에도 당신을 기억할 것이다.

⑤ 호혜 관계를 형성하라

당신이 무료로 가치 있는 것을 제공하면, 고객들은 무의식적으로 당신의 브랜드에 일종의 마음의 빛을 진 것처럼 느끼게 된다. 양질의 정보와 가치를 제공하면, 고객들은 호의에 보답하고 싶은 마음에 결국 주문을 하게 될 가능성이 커진다.

⑥ 흥미로운 제목으로 접근하라

고객이 내려받고 싶을 만한 제목을 만들어라. '백서'나 '사례집' 등을 내려받고 싶어 하는 사람은 거의 없을 것이다. 하지만 사람들은 '강아지를 훈련할 때 자주 저지르는 다섯 가지 실수' 혹은 '낸시가 집에서 수입을 두 배로 늘린 방법'과 같은 자료들은 기꺼이 내려받고 싶어 할 것이다. 흥미로운 제목을 만들고 이를 굵은 글씨로 표기하자.

# 어떤 종류의 리드 제너레이팅 PDF를 만들 수 있을까?

리드 제너레이팅 PDF는 복잡하게 만들 필요가 없다. 효과적인 리드 제너레이터도 짧은 시간 안에 작성할 수 있다. 중요한 점은 너무 복잡하게 생각하지 말아야 한다는 것이다.

당신은 아마도 당신의 분야에서 전문가일 것이다. 만약 전문가가 아닐지라도 판매하고자 하는 제품에 대해 분명 잠재 고객보다 더 잘 알고 있을 것이다. 그런 지식을 공유하는 것만으로도 당신은 고객에게 가이드로서 포지셔닝할 수 있다. 그렇게 되면 이미 반은 성공한 것이나 다름없다.

다음은 쉽게 제작할 수 있으면서도 고객에게 훌륭한 가치를 제공해 줄 수 있는 열 가지 PDF 예시이다.

## ☑ 업계 전문가와의 인터뷰

해당 분야에 대한 권위와 전문성을 보여줄 수 있는 가장 좋은 방법의 하나는 그 분야에서 상당한 지식을 가진 전문가를 인터뷰하는 것이다.

특정 분야에서 일한다면, 인플루언서Influencer*를 찾아가 인터뷰를 요청해보자. 고객들이 평소에 궁금해하는 부분에 관해 질문하고, 인터뷰 대상자가 문제를 해결할 수 있는 실질적인 정보를 제공하도록 유도하라.

예를 들어, 유기견 보호소 입양 부문 담당자와의 인터뷰에서는 이렇게 물어볼 수 있을 것이다. "강아지를 입양하기 전에 꼭 고려해야 할 일곱 가지 사항은 무엇인가요?"

세무법인에서 마케팅을 담당한다면, 세무사와의 인터뷰에서 "사람들이 스스로 세금을 계산할 때 가장 흔하게 저지르는 다섯 가지 실수에 대해서 알려주세요"라고 물어볼 수 있다.

참고로 이런 인터뷰들은 리드 제너레이팅 PDF에만 국한하여 사용할 필요는 없다. 온택트 마케팅의 핵심 수단인 라이브 웹 세미나Live Web Seminar, Webinar, 유튜브 영상 제작, 오디오 녹음, 팟캐스트뿐만 아니라 홍보 기사 등에서도 활용할 수 있다.

---

\* '영향력을 행사하는 사람'을 뜻하며, 포털 사이트에서 영향력이 큰 블로그를 운영하는 '파워 블로거'나 수십만 명의 팔로워 수를 가진 소셜 네트워크 서비스 사용자, 동영상 채널 운영자 등을 의미한다.

📢 당신의 고객에게 탁월한 가치를 제공할 만한 인터뷰 대상자에
는 어떤 사람이 있을까? 세 명만 생각해보자.

_____

_____

_____

_____

## ☑ 체크리스트

리드 제너레이터 전략을 시도해보고 싶지만, 시간이 부족한 경우에는 체크리스트가 좋은 방안이 될 수 있다.

체크리스트는 간단하다. 체크리스트는 독자들에게 문제를 해결하는 것과 관련하여 여러 가지 아이디어를 보여준다.

당신이 개인 병원을 운영한다고 가정해보자. 당신의 체크리스트는 다음과 같이 건강과 관련한 질문으로 구성할 수 있을 것이다.

ex "계단을 오를 때 숨이 많이 차나요?"
"매일 오후 3시 정도가 되면 피로함을 느끼나요?"
"밤에 잠을 제대로 못 주무시나요?"

위와 같은 질문들을 통해 당신의 병원이 고객이 겪고 있는 문제를 해결하는 데 어떤 도움을 줄 수 있는지 강조할 수 있다.

만약 요리용품이나 주방용품을 판매한다면, 체크리스트는 '잘 갖춰진 부엌에 반드시 있어야 하는 50가지 품목'에 관한 내용으로 작성할 수 있을 것이다.

체크리스트는 고객에게 본인이 필요한 것이 무엇인지, 그리고 당신이 그 문제를 어떻게 도울 수 있는지 알려주는 효과적인 방법이다.

이번에는 당신이 지적 재산권이나 교육을 제공하는 사람이라고 가정해보자. 고객이 당신의 전문 교육 분야에서 어떻게 더 발전할 수 있는지 알려주는 체크리스트를 고려해 볼 수 있다. 만약 스피킹 코치라면, '연설에서 사용할 수 있는 멋진 오프닝 열 가지' 혹은 '연설자를 초보처럼 보이게 만드는 세 가지 실수' 등의 내용을 리드 제너레이팅 PDF로 사용할 수 있을 것이다. 말하기 능력을 향상하는 데 관심이 있는 사람들이라면, 망설임의 여지없이 그 체크리스트를 내려받을 것이다.

## 실전 연습

고객들이 당신의 제품 혹은 서비스가 필요하다는 것을 인식하게 할 수 있는 체크리스트에는 어떤 것들이 있는가?

_____

_____

_____

_____

_____

_____

## ☑ 반복해서 사용할 수 있는 작업 계획표Worksheet

고객의 삶 가운데 당신이 도움을 줄 수 있는 영역을 찾아보고, 고객의 문제를 해결하는 데 반복해서 사용할 수 있는 작업 계획표를 만들자.

작업 계획표는 주간 마케팅 계획표부터 목표 설정 플래너까지 어떤 것으로든 변환할 수 있다.

일일 혹은 주간 작업 계획표는 어려워 보이는 일들을 간편하고 쉽게 실행할 수 있도록 만들어 준다.

반복해서 사용할 수 있는 작업 계획표를 제공하면, 고객은 그것을 사용할 때마다 매주 혹은 매일 당신의 존재와 당신이 주는 도움을 상기하게 될 것이다.

식단 일기, 과제 스케줄, 잔디 관리 일지, 생일 메모 등 자신의 생각을 정리하는 데 필요한 영역이라면 어디든지 작업 계획표를 활용할 수 있다.

### 실전 연습

📣 생각을 정리하는 데 도움이 되는 어떤 작업 계획표를 고객들에게 제공할 수 있는가? 세 가지만 생각해보자.

_____

_____

_____

_____

_____

_____

## ☑️ 교육 행사 개최

모든 교육 행사가 단지 눈길을 끌기 위한 허울은 아니다. 고객들의 문제를 해결하는 데 도움이 되는 정보를 제공하는 교육 행사는 매우 큰 가치가 있다.

무료 증정품 역시 당신이 제공하는 것을 다시 한번 떠올리도록 할 수 있다. 예를 들어, 음식 주문 서비스 회사의 무료 온라인 요리 강좌는 매우 좋은 아이디어다. 은행에서 첫 집 장만에 관한 무료 온라인 세미나를 여는 것도 훌륭한 생각이다.

사람들은 보통 구매를 결정하기 전에 더 많은 정보를 얻고자 한다. 만약 당신이 그런 정보를 제공한다면, 사람들이 당신에게서 제품을 구매할 가능성은 더 커질 것이다.

### 실전 연습

📣 당신은 고객과 신뢰를 쌓을 만한 일종의 온라인 교육 행사를 주최할 수 있는가?

_____

_____

_____

_____

## ✅ 무료 샘플 제공

　판매하는 제품이나 서비스가 어떤 것이냐에 따라, 잠재 고객들에게 무료 샘플을 제공하는 것을 고려해볼 수 있다.

　예를 들어, 연간 플래너를 판매하는 회사라면 7일 분량의 계획표 샘플과 함께 효과적인 시간 관리에 관한 PDF를 같이 제공할 수 있다. 그럼으로써 고객은 가치 있는 샘플을 무료로 받게 되고, 당신 또한 연간 플래너를 판매할 기회를 만들게 된다.

　만약 식품이나 특산품을 판매하는 회사라면, 무료로 나눠줄 수 있는 작은 샘플이 있는지 찾아보자. 마트에서 제공하는 무료 시식에는 다 이유가 있다. 이런 샘플 제공이 결국 판매로 이어지기 때문이다.

　다른 비슷한 예시로는, 요리 레시피, 칵테일 레시피, 새로운 헤어스타일을 정리한 스타일북, 1회 무료 잔디 관리 쿠폰, 무료 메이크업, 1회 무료 식사 등이 있다.

　만약 당신이 매장을 보유하고 있다면, 매장에서 직접 사용할 수 있는 쿠폰을 발행하여 제공할 수도 있다.

---

### 실전 연습

📢 잠재 고객들과 신뢰를 쌓고 당신의 제품이나 서비스의 품질을 보여주기 위하여 무료로 나눠줄 수 있는 샘플이 있는가?

_____

_____

_____

## ☑️ 웨비나 Webinars

웨비나*는 고객들과 소통하기 위한 좋은 도구이다.

웨비나의 목적은 특정 문제를 해결하는 데 도움이 되는 교육이나 정보를 고객에게 제공하는 것이다.

고객이 이메일 주소를 공유하면 웨비나에 무료로 참석할 수 있도록 하고, 당신은 웨비나 마지막 부분에서 판매 제품을 소개할 수 있을 뿐만 아니라 향후 몇 주 혹은 몇 개월 내에 고객 육성 캠페인 또는 판매 촉구 캠페인을 후속적으로 진행할 수도 있다.

웨비나가 종료된 후에는 세미나에서 공유되었던 정보를 리드 제너레이팅 PDF로 만들어 웹사이트에 올려둠으로써 다른 고객들이 내려받도록 할 수도 있다.

### 실전 연습

📢 당신이 웨비나에서 다룰 수 있는 주제는 어떤 것들이 있는가?

_____

_____

_____

_____

_____

---

\* 웹(Web)을 통해 진행하는 세미나를 말하며, 온택트 시대의 주요한 마케팅 수단이다.

## ☑️ 발표회Keynote Presentation를 리드 제너레이팅 이벤트로 만들기

발표회는 서비스에 대한 수요를 창출할 수 있는 효과적인 방법이다.

어떤 종류의 제품 또는 서비스를 제공하든 간에 당신의 전문성을 보일 만한 분야를 찾아 각종 이벤트에서 전달할 수 있는 발표문을 만들어보자. 직접 이벤트를 열어서 대중을 초청할 수도 있고, 온택트 시대에 맞게 온라인으로 생중계할 수도 있다.

'당신의 돈을 낭비하게 만드는 회계사들의 실수 다섯 가지' 혹은 '팀원들을 혹사시키지 않으면서 최고의 역량을 끌어내는 방법'과 같은 주제들은 관련 제품이나 서비스가 필요한 고객들을 끌어들일 것이다.

만약 당신이 B2C 사업가라면, 사람들이 잘 모르는 흥미로운 주제를 찾아보자. 신발을 판매하는 사업을 영위 중이라면, '5km를 달리는 것은 생각보다 쉽다'라든지 '신발이 당신을 게으르게 만들 수 있다!'와 같은 주제를 생각해볼 수 있을 것이다.

### 실전 연습

📢 전문가로서 발표할 수 있는 당신의 전문 분야는 어떤 것들인가? 세 가지만 생각해보자.

_____

_____

_____

_____

## ☑ 호기심 자극

호기심에 인터넷 링크를 이것저것 클릭하면서 소중한 시간을 낭비한 경험이 누구에게나 한 번쯤은 있을 것이다. 어린 시절 유명 인사들이 지금은 어떻게 살고 있을까? 세상에서 가장 큰 배는 어떻게 만들어졌을까?

우리도 모르는 사이에 호기심이 가는 제목들을 클릭하면서 다시 되돌릴 수 없는 5분, 10분의 시간을 소비하고는 한다. 하지만 그것들이 정말 재밌다는 사실을 당신도 인정할 것이다.

예전에 어떤 글로벌 애견 사료 브랜드와 함께 일한 적이 있었는데, 나는 그들에게 전 세계의 애견 공원들을 리드 제너레이터로 활용하라고 권고하였다. 그 회사는 전 세계 곳곳에 애견 공원을 만들고 있었지만, 그 어떤 공원도 리드 제너레이터로 활용하고 있지 않았다. 나의 조언은 명확했다. '애견 공원에서 뛰놀며 당신의 강아지가 생각하는 다섯 가지'와 같은 리드 제너레이터를 만들어서 사람들이 핸드폰으로 내려받을 수 있도록 한 것이다. 강아지 주인 대부분은 공원에 우두커니 서서 핸드폰을 만지작거리고는 한다. 그들에게 왜 강아지들이 서로의 엉덩이 냄새를 맡는지 알려주면 좋을 것이다!

---

### 실전 연습

📢 당신의 제품이나 서비스 관련하여 잠재 고객들이 궁금해하는 것들은 무엇이며, 그 궁금증을 어떻게 리드 제너레이터로 만들 수 있을까?

_____

_____

_____

## ☑ 함정 리스트Pitfall List

체크리스트와 마찬가지로 잠재 고객들이 쉽게 빠질 만한 곤경이나 어려움을 피하도록 도울 수 있는 것이 있다.

'집을 구매할 때 피해야 하는 돈 관련 실수 다섯 가지', '매니저가 팀을 지도하면서 저지르는 치명적인 세 가지 실수' 혹은 '취업에 실패하게 만드는 면접 실수 열 가지' 등의 리드 제너레이터는 잠재 고객들의 실패를 사전에 방지하도록 돕는 동시에, 당신이 그 분야의 전문가로서 잠재 고객들에게 신뢰를 얻을 수 있도록 해준다.

## 실전 연습

📢 고객이 사전에 피하도록 도울 수 있는 함정 리스트에는 어떤 것들이 있나? 세 가지만 생각해보자.

_____

_____

_____

_____

## ☑ 오픈 하우스

부동산 중개업자들이 오픈 하우스를 이용하는 이유가 집을 판매하기 위한 목적보다는 잠재 고객들과의 네트워크를 쌓으려는 목적에 있다는 사실을 알면 아마 놀랄 것이다.

부동산 중개업자에게 오픈 하우스는 잠재 고객들의 연락처를 얻고, 앞으로 그들을 대상으로 진행할 고객 육성 캠페인의 기반을 마련하는 훌륭한 방법이다.

이런 오픈 하우스 전략은 부동산 중개업자들에게만 국한될 필요가 없다. 무료 온라인 제품 시연, 무료 온라인 요리 강좌, 무료 온라인 공예 강좌, 유튜브 채널 라이브에 초대하여 비즈니스를 소개하는 것 등의 활동은 고객과 소통하며 공동체 의식을 형성하고 관계를 쌓게 해준다.

## 실전 연습

사람들이 당신의 이야기를 듣도록 하기 위해 동영상 라이브에 초대할 만한 그럴싸한 구실에는 어떤 것들이 있을까? 잠재 고객들을 초대할 만한 이벤트에는 어떤 것들이 있을까?

_____

_____

_____

_____

_____

_____

_____

_____

# 끊임없이 리드 제너레이터에
# 대해 생각하라

대부분은 직접적으로 홍보하는 것을 꺼리는 경향이 있는데, 리드 제너레이터의 장점 중 하나는 노골적으로 구매를 요청하지 않으면서 당신의 제품과 서비스에 대하여 알리는 구실을 제공한다는 것이다. 만약 어떤 사람이 리드 제너레이터 정보를 내려받거나 온라인 강연을 듣기 위해 접속한다면, 그 고객은 더 많은 정보를 얻고 싶어 한다는 것을 의미한다. 그러므로 이후에 이루어질 상품 판매에 관한 대화가 훨씬 더 자연스럽고 거부감 없이 진행될 수 있다.

끊임없이 리드 제너레이터에 대해 생각하자. 거의 제품 생산에 소비하는 시간만큼이나 리드 제너레이터에도 시간을 투자할 필요가 있다. 왜일까? 리드 제너레이터 없이는 어차피 제품을 많이 판매하지도 못할 것이기 때문이다.

앞에서 소개한 리드 제너레이터 아이디어들이 당신에게 도움이 되기를 바란다.

리드 제너레이터를 활용함으로써 많은 이메일 주소를 획득하는 것뿐만 아니라 당신이 제공하는 제품과 서비스가 정말 필요한 잠재 고객들을 끌어모으면서, 자연스럽고 고상한 방식으로 매출을 달성하게 될 것이다.

# 리드 제너레이팅 PDF를 만들어보자: 단계별 가이드

## ☑️ 매력적인 제목 만들기

가장 먼저 고려해야 할 것은 PDF의 제목이다. 다시 강조하지만, 제목은 강렬하고 흥미로워야 한다. 어떤 가치를 제공하는지 제목에서 바로 보여줌으로써, 사람들이 PDF를 내려받을 수밖에 없도록 만들어야 한다.

다음은 좋은 반응을 얻었던 몇 가지 PDF 제목의 예시이다.

① 처음으로 백만 달러를 모았을 때 사람들이 저지르는 다섯 가지 실수
젊은 신흥 부자 고객들을 유치고자 하는 한 재무 설계자가 제공한 다운로드 가능한 PDF 가이드의 제목이다.

② 꿈에 그리던 집 짓기: 시작 전에 체크해야 할 열 가지
맞춤형 집을 짓고자 하는 고객들에게 가이드로서 포지셔닝하고 싶은 한 건축가가 무료로 제공한 전자책의 제목이다.

③ 칵테일 클럽: 매달 새로운 칵테일 레시피 배우기
이는 한 화원에서 매달 개최하는 이벤트였다. 그들은 참가자들에게 허브를 이용하여 술을 제조하는 방법을 가르쳤다. 행사의 목적은 커뮤니티를 만들고 사람들에게 허브 정원을 재배하는 방법에 대해 교육하는 것이었다. 효과가 있었을까? 이 비즈니스는 호황을 맞고 Booming 있다. 아니면 활짝 꽃 피우고 있다고Blooming 표현해야 할까?

④ 전문 연설가가 되는 방법
전문 연설가가 되고자 하는 사람들을 위해 한 비즈니스 코치가 무료로 제공하는 온라인 강의의 제목이다. 이는 그가 제공하는 코칭

서비스 정기 구독으로 이어졌다.

⑤ 강아지가 문소리가 날 때마다 짓지 않도록 훈련하는 방법
  애견숍에서 제공한 것으로, 애견 훈련과 관리에 관한 전문가로 자
  리매김하는 데 도움을 주었다.

⑥ 신발로 인해 겪을 수 있는 의외의 불편함과 통증 다섯 가지(그리고 이를
  방지하는 방법)
  저렴한 신발의 위험성을 강조하기 위해 한 스포츠 의류 브랜드에
  서 제공한 함정 리스트Pitfall List의 제목이다.

⑦ 경영자들이 흔히 저지르는 생산성을 저하하도록 하는 다섯 가지 실수
  (당신은 분명 오늘 아침 이 중 한 가지 실수를 저질렀을 것이다)
  한 경영 컨설턴트가 제공한 함정 리스트의 제목이다.

지금까지 제목에 관해 살펴보았으니 이제 본격적으로 PDF 본문에 대해
알아보자. 장황한 말을 늘어놓을 필요가 없다는 것을 기억하자. 당신은 단
순히 고객의 문제를 해결하고, 이 새로운 관계에서 신뢰를 얻으면 된다.

## ☑ 본문: 핵심 내용은 중간에 넣기

리드 제너레이팅 PDF를 작성하는 방법은 아주 많지만, 여기서 이를 쉽
게 만들 수 있는 간단한 공식을 알려주고자 한다.

전문 작가가 아니어도 걱정할 필요 없다. 당신이 해야 할 일은 대략적인
개요를 만든 후, 이를 구체화할 수 있는 카피라이터를 고용하는 것이다.
명심하자. 당신이 작성한 대략적인 개요는 카피라이터의 일을 훨씬 더 쉽
게 만들 뿐만 아니라 아주 훌륭한 최종 결과물을 얻도록 해줄 것이다.

시작해보자.

*인상적인 제목:* _____

### 섹션 1

·단락 1: 고객이 현재 겪고 있는 문제는 무엇인가?

·단락 2: 고객의 고통이나 어려움에 대해 공감을 보여줄 수 있는 표현이 있는가? 고객의 문제를 해결해줄 수 있다는 신뢰를 끌어내기 위해 보여줄 수 있는 당신의 성취 및 업적에는 어떤 것들이 있는가?

### 섹션 2

·단락 1: 문제에 대해 조금 더 깊이 파헤쳐라. 어쩌면 어려움을 겪고 있는 고객들이 느낄 감정적 좌절감에 관해 다룰 수도 있을 것이다.

·단락 2: 문제에 대한 해결책을 제시하라. 세 가지 팁, 인식 전환, 레시피 혹은 공식 등과 같이 고객의 갈등을 해결할 수 있는 무언가를 제공하라.

### 섹션 3

문제 해결 방법을 단계별 계획 또는 추천 팁 목록으로 제시하자. 다섯 가지 팁, 전문가 조언 혹은 문제를 해결하는 데 도움이 될 작업 계획표 등을 제공한다. 이 부분이 PDF의 핵심 내용이다.

단계/팁 1: _____

단계/팁 2: _____

단계/팁 3: _____

### 섹션 4: (실패에 관해 정의하라)

만약 고객들이 당신의 조언에 주의를 기울이지 않는다면 어떤 일이 발생하는가? 당신의 제안을 따르지 않았을 때 고객이 잃게 되는 것에는 어떤 것들이 있을까?

·단락 1: 당신의 조언을 따르지 않았을 때 발생할 수 있는 부정적인 결과들을 나열한 후에, 조언을 따랐을 때 누릴 수 있는 행복한 결말을 보여준다.
·단락 2: 행동을 촉구하라. 고객들이 다음에 해야 할 일은 무엇인가?

앞에 설명한 리드 제너레이팅 PDF 작성법은 아주 기본적인 템플릿이지만, 매우 효과적으로 활용할 수 있다.

아래는 우리가 가상의 전기 자전거 회사를 위해 작성한 리드 제너레이팅 PDF 예시이다. 우리는 바로 이러한 템플릿을 사용했다.

전기 자전거로
돈을 모으고
아끼는
10가지 방법

무료로 PDF를 내려받고 절약의
길을 따라 달려 내려오세요.

PDF 다운로드

**이제 당신의 차례이다.**

리드 제러네이팅 PDF의 기초가 되는 네 가지 섹션을 작성해보자. 여기서 대략적인 초안을 작성한 후 최종본을 본 도서 뒤편에 제공한 '리드 제너레이팅 PDF 개요'에 옮겨 적어보자. 고용한 웹 디자이너가 있다면, 협력하여 만들도록 하자.

*인상적인 제목:* _____

### 섹션 1
단락 1: (문제)

_____

_____

_____

단락 2: (공감 표현과 신뢰 형성)

_____

_____

_____

### 섹션 2
단락 1: (문제 부각)

_____

_____

_____

단락 2: (해결책 제시)

_____

_____

_____

**섹션 3:** (단계별 계획 또는 추천 팁 목록)

_____

_____

_____


**섹션 4:**

단락 1: (제안을 따르지 않았을 경우의 부정적인 결과들과 제안에
　　　　따랐을 경우의 행복한 결말)

_____

_____

_____


# 리드 제너레이터를 어떻게 활용할 것인가?

　리드 제너레이터를 만들고 나서 가장 먼저 해야 할 일은 이를 웹사이트에서 홍보하는 일이다. 웹사이트에 한 섹션을 만들어 알릴 수도 있지만, 팝업 광고 역시 권장한다.

　물론 팝업 광고가 귀찮은 존재라는 것을 잘 알지만, 효과는 꽤 좋다. 팝업 광고는 보통 일반 광고들보다 클릭률이 높으며, 잠재 고객들로부터 이메일 주소를 얻을 수 있는 효과적인 방법이기도 하다.

　다음은 팝업 광고에 관한 몇 가지 유용한 팁이다.

① 방문자들에게 웹사이트를 둘러볼 시간을 주자

팝업 광고가 웹사이트 방문 즉시 나타나게 해서는 안 된다. 팝업 광고를 띄우기 전에 방문자들에게 10초가량 웹사이트를 둘러볼 시간을 주자. 또는 '종료 의도 팝업Exit Intent Popup'을 만들 수도 있을 것이다. 이 팝업 광고는 방문자가 웹사이트 창을 닫고 나가려고 하는 경우에만 나타나게 된다. 따라서 방문자들이 다른 어떤 것에도 방해받지 않고 웹사이트를 둘러보게 할 수 있으며, 그들이 떠나기 전에 이메일 주소와 같은 정보를 제공하도록 작동한다.

② 규정을 숙지하라

검색 엔진들은 팝업 광고에 관한 규정을 계속해서 변경한다. 팝업 광고가 너무 커서 페이지를 너무 많이 차지하면 불이익을 받을 수 있다. 규정은 언제든지 계속 변할 수 있으니 광고 디자인을 시작하기 전에 철저히 조사하거나 전문가와 상의할 것을 추천한다.

③ X 버튼으로 광고를 닫게 하지 말자

요즘 대부분은 광고가 뜨면 읽기도 전에 반사적으로 상단의 X 버튼을 클릭하여 광고 창을 닫는다. 광고를 종료하기 위해서는 X 버튼 대신에 광고에 있는 문장을 클릭하게 만들어라. "아니오, 저는 할인받고 싶지 않습니다." 혹은 더 강력한 내용의 "저는 경쟁에서 져도 괜찮습니다"와 같은 문장을 사용할 수 있을 것이다. 이는 클릭을 유도하는 미끼용 링크처럼 느껴질 수도 있겠지만, 실제로 방문자에게 당신이 제안하는 내용을 읽도록 만든다.

# 리드 제너레이터를 홍보하라

우리 회사는 실제로 우리의 제품보다 리드 제너레이터를 홍보하는 것에 더 많은 광고비를 지출하고 있다. 그만큼 리드 제너레이터가 매출을 올리는 데 효과적이기 때문이다.

소셜 미디어를 통해 리드 제너레이터를 홍보하거나 유료 광고를 사용하는 것도 고려해보자.

우리는 리드 제너레이터를 홍보하기 위해 웹사이트에 관련 광고를 게재하고 있으며, 각각의 리드 제너레이터를 위한 개별 랜딩 페이지 역시 갖추고 있다. 이런 방식으로 특정 리드 제너레이터를 그에 맞는 특정 게시글, 광고, 팟캐스트 에피소드에서 링크로 연결할 수 있다.

각각의 랜딩 페이지는 홈페이지와 완전히 똑같을 필요는 없지만, 페이지의 문구들은 스토리브랜드 메시징 원칙에 부합하도록 만들자. 그렇지 않으면 고객들이 혼란스러워할 수 있다. 명확하고 이해하기 쉬우면서도 효과적인 문구를 사용하자.


# 좋은 글쓰기에 대한 팁

앞서 언급했듯이, 여러 가지 창의적인 방법으로 리드 제너레이터를 만들 수 있지만, 가장 단순하고 비용 대비 효율적인 방법은 리드 제너레이팅 PDF이다.

리드 제너레이팅 PDF를 작성하기 전에 사람들이 흔히 저지르는 실수를 살펴보자.

대표적인 실수들은 다음과 같다.

### ① 한 번에 너무 많은 문제를 다룬다

물론 고객에게는 해결해야 할 여러 가지 문제가 있겠지만, 만약 당신이 한 번에 두 가지 이상의 문제를 다루면, 고객들은 PDF를 읽으면서 피로감을 느낄 수 있다. 한 번에 한 문제만 집중해서 다루자.

### ② 글이 너무 많다

글의 흐름이 자연스럽고 읽기 쉽게 쓰였는지 확인하자. 독자들이 쉽게 훑어볼 수 있게 만드는 것이 좋다. 이미지, 텍스트 강조, 말풍선 등을 활용하여 독자들이 PDF를 쉽게 읽을 수 있게 하자. 글은 적을수록 좋다!

### ③ 너무 모호하다

PDF에 은유적 표현이나 기발한 문구를 쓰지 않도록 하자. 당신이 고객의 어떤 문제를 해결해줄 수 있는지 명확하게 표현하지 않는다면, 고객은 당신이 무엇을 해줄 수 있는지 혼란스러울 것이다. '강아지의 동반자로서 느끼는 행복'이라는 표현 대신 '강아지를 선택할 때 알아야 할 세 가지'라고 분명하게 표현하자.

### ④ 제목이 흥미롭지 않다

눈길을 끄는 흥미로운 제목을 사용하고 있는지 확인하자. 만약 어떤 상품이나 서비스에 대해 한 번도 들어 본 적이 없는 상황인데, '주택 자산과 관련한 시장 불균형 연구'라는 제목의 글을 읽고 싶겠는가, 아니면 '집값 하락 추세에서 내 집 가치를 높이는 방법'을 읽고 싶겠는가?

# 계속 테스트하고 개선하라

테스트하고, 테스트하고, 또 테스트하라.

리드 제너레이터를 웹페이지에 올린 후에는 효과가 있는지 없는지 계속 점검해야 한다.

효과가 있다면 계속 사용하면 되지만, 효과가 없다면 시간을 투자해 새로운 리드 제너레이터를 작성하고 처음부터 다시 시작해야 한다. 우리가 만들었던 리드 제너레이터의 60%는 성공적이었지만, 40%는 효과가 없었다.

앞서 언급하였듯이, 우리 사업의 성공은 초기에 제공한 '웹사이트에 반드시 포함해야 하는 다섯 가지'라는 리드 제너레이팅 PDF로부터 시작되었다. 하지만 나는 '경기 불황에 대비하는 방법'이라는 굉장히 잘 만들어진 또 다른 PDF는 전혀 반응을 얻지 못했다는 사실에 놀랐다. 아마도 사람들은 경기 불황에 대해서는 별로 생각하고 싶어 하지 않는 듯하다.

가장 중요한 것은 최소한 하나라도 효과적인 리드 제너레이터를 만드는 것이다. 그리고 매일 꾸준히 많은 이메일 주소를 수집할 수 있을 때까지 지속적으로 리드 제너레이터를 더해가야 한다.

일단 첫 리드 제너레이터를 만들고 나면, 이를 통해 이메일 주소들을 얻게 될 것이다. 안타깝게도, 대부분 이렇게 수집한 이메일 주소들을 제대로 활용하지 못한다. 얼마나 엄청난 기회를 놓치고 있는 것인가.

이제 효과적인 세일즈 퍼널의 네 번째 요소인 이메일 캠페인으로 넘어가 보자.

# Chapter 7

# 이메일의 힘

*받은 편지함의 공간을 확보하는 방법*

고객의 이메일 주소를 받은 후에는 어떻게 해야 할까?

리드 제너레이터의 핵심 목적은 고객의 이메일 주소를 얻는 것이다. 이메일 주소를 제공한 잠재 고객은 충성 고객이 될 가능성이 크다는 사실을 기억하자.

그들에게 정기적으로 유용한 이메일을 보내는 것은 고객과 지속적인 관계를 쌓아나가는 동시에 고객의 문제를 해결하는 제품이나 서비스를 판매할 수 있는 절호의 기회이다.

어떤 사람들은 즉시 제품을 구매할 수도 있겠지만, 대부분은 당신의 회사가 과연 신뢰할 만한지 조금 더 알아보려고 할 것이다.

PDF를 내려받은 고객에게 연락하지 않는 것은 마치 데이트 상대에게 전화번호를 물어본 후 다시는 연락하지 않는 것과 같다.

만약 누군가가 당신에게 이메일 주소를 줬다면, 이메일을 기다리고 있다고 볼 수도 있다. 그러니 그들에게 연락을 취하자!

이 섹션에서는 당신이 활용할 수 있는 두 가지 종류의 이메일 캠페인에 관해 설명하고자 한다. 두 방법 모두 당신의 사업을 성장시키는 데 도움이 될 것이다. 우리가 추천하는 이메일 캠페인은 다음과 같다.

① **고객 육성 캠페인**Nurture Campaigns
이 캠페인은 잠재 고객과 지속적으로 연락을 유지하면서 시간이 지남에 따라 자연스럽게 신뢰를 얻기 위함이다.

② **판매 촉구 캠페인**Sales Campaigns
이 캠페인은 최종 판매를 위한 것이다.


# 이메일 캠페인에 관한 중요한 질문들

우리는 클라이언트들로부터 이메일과 관련하여 많은 질문을 받는다. 대부분은 이메일을 보내는 것이 너무 광범위하게 광고하는 것 같다고 생각하여 다소 소극적인 태도를 보인다. 하지만 사실은 그렇지 않다. 단지 이메일을 보내도 된다고 동의한 사람들에게 홍보하는 것일 뿐이다.

사실 이메일을 엉망으로 작성할 확률은 높지 않다. 그렇지만, 몇 가지 기본적인 사항들을 살펴보자.


## ☑ 질문: 이메일을 몇 통이나 보내는 것이 좋을까?

가치 있는 정보를 제공하고 흥미로운 내용을 전하는 한 이메일을 얼마든지 보내도 된다.

사람들은 종종 가장 성공적인 결과를 끌어낼 수 있는 정확한 이메일 개수를 알고 싶어 한다. 하지만 이메일 개수에 너무 신경 쓰느라 정작 중요한 이메일의 목적이 고객의 관심을 끌기 위함이라는 사실을 잊어서는 안 된다. 나는 적어도 일주일에 하나의 이메일을 보내는 것을 권장한다. 그러나 흥미로운 정보가 더 많다면 더 자주 보내도 좋다. 나는 BusinessMadeSimple. com에서 매주 무료로 비즈니스 팁을 제공하는 고객 육성 이메일 캠페인을 진행하고 있다. 매주 한 통의 이메일이 아주 많은 것처럼 느껴질지 모르겠지만, 수만 명이 내가 보내는 이메일을 구독하고 있으며 이메일 구독을 중단한 사람은 그리 많지 않았다. 나는 단지 짧지만 주제에 부합하고, 유용하지만 지루하지 않은 동영상을 만들어 첨부하고 있을 뿐이다.

## ☑ 질문: 어떻게 하면 효과적인 이메일을 쓸 수 있을까?

다른 본보기들로부터 배우고, 연습하고, 연습하고, 또 연습하라.

무엇보다도, 처음부터 완벽할 수 없다는 것을 명심하자. 한 번 해보고 숙달할 수는 없다. 그러니 괜찮다. 매일 조금씩 발전하다 보면 언젠가는 자신만의 방식을 찾게 될 것이다. 다음에 효과적인 이메일을 쓰기 위한 실행 방법들을 본격적으로 더 자세히 다루겠지만, 어디서부터 어떻게 시작해야 할지 모르는 사람들을 위해 몇 가지 팁을 소개하고자 한다.

① 다른 회사에서 받은 이메일들의 제목을 읽어보자
어떤 제목이 당신의 관심을 끌며, 왜 그 이메일을 열어보게 되었는가?

② 잡지의 헤드라인을 읽어보자
서점이나 마트에 진열된 잡지들을 보면 어떤 종류의 헤드라인들

이 사람들의 관심을 끄는지 확인할 수 있다.

③ 대화체로 쓰자

평소에 말하듯이, 친구나 가족에게 이메일을 쓰듯이 써보자.

④ 항상 생각하자

'나는 독자들이 어떤 문제를 극복하도록 도와줄 수 있을까, 어떤 가치를 더할 수 있을까, 잠재 고객들에게 어떤 공감과 권위를 보여 줄 수 있을까?'

마지막 네가지 조언은 어니스트 헤밍웨이의 말에서 인용한 것이다.

⑤ 쉽게 작성하라

너무 똑똑하고 흥미롭게 보이려고 하다가 되레 우습고 지루하게 보이는 경우가 종종 있다. 괜히 어려운 용어를 쓸 필요가 없다. 구어체와 문어체는 다르지만, 작성된 이메일을 소리 내어 읽어보는 것은 글이 명확한지 확인해볼 수 있는 좋은 방법이다. 어려운 단어, 전문 용어, 복잡한 문장을 쓰는 것은 고객을 혼란스럽게 만들 뿐이다. 고객을 혼란스럽게 하면 고객을 잃게 될 것이라는 사실을 반드시 명심하자.

⑥ 짧은 문장을 사용하라

사람들이 당신의 이메일을 열어본다는 것은, 단지 웹사이트를 훑어보는 것보다는 확실히 시간을 조금 더 쓸 용의가 있다는 것이다. 그렇다고 너무 오버하지 말자. 읽기 쉽도록 짧고 간결한 문장으로 이메일을 작성하라. 긴 문장은 사람들에게 더 많은 시간과 노력을 소모하도록 만든다. 너무 많은 시간과 노력을 요구하면 사람들은 이메일을 끝까지 읽지 않을 것이다.

⑦ 짧은 단락을 사용하라

이메일을 열어봤을 때, 문단이 긴 책처럼 보이지 않도록 하라. 사람들은 톨스토이 소설을 읽기 위해 당신의 이메일을 신청한 것이 아니다. 본문을 짧은 단락으로 나누어서 읽는 데 오래 걸리지 않게끔 하면, 더 높은 확률로 더 많은 사람이 이메일을 읽어볼 것이다.

⑧ 능동적 표현을 사용하자

능동 동사는 문장을 더욱더 흥미롭게 만든다. "세일 중입니다"라는 표현 대신 "여러분은 지금 당장 매장으로 달려오고 싶을 겁니다. 매장의 제품 가격 대부분을 이번에 확 낮추었거든요"라고 표현해보자. '황급히 달려오다'나 '확 낮추다'와 같은 문구들은 움직임을 나타내는 표현들이기 때문에 더욱 흥미를 유발하게 된다.

# 이메일을 작성해보자!

앞에서 언급한 사항들을 염두에 두고, 이제 당신의 고객이 실제로 받고 싶어 할 고객 육성 이메일 캠페인과 판매 촉구 이메일 캠페인을 작성하는 방법에 대해 구체적으로 살펴보도록 하자.

# Chapter 8

# 고객 육성
# 이메일 캠페인

## 이제 고객과의 관계를 육성하자!

고객 육성 이메일 캠페인이란 무엇일까?

고객 육성 이메일은 고객과의 관계를 지속해서 '육성'하기 위한 정기적인 이메일 캠페인을 말한다.

장기간에 걸쳐 정보를 천천히 조금씩 떨어뜨린다Drip고 하여 드립 캠페인Drip Campaign이라 부르기도 한다.

고객 육성 캠페인은 고객들에게 문제를 해결하고 가치를 제공하는 정보를 조금씩 꾸준히 전달하는 것이다.

## 지속해서 연락하라

고객 육성 이메일 캠페인이 중요한 이유는 고객 대부분, 당신의 제품을 곧바로 사려고 하지 않기 때문이다. 보통 고객은 제품을 구매하려는 마음을 먹기 전에 적어도 대여섯 번은 제품에 대해 들어야 한다. 왜 그럴까? 사람들은 친숙한 것은 신뢰하지만, 낯선 것은 신뢰하지 않기 때문이다. 그렇다면 무엇이 물건이나 사람을 친숙하게 만들까? 어떤 것에 관해 여러 다른 수단을 통해 여러 번 반복적으로 듣게 되면 우리는 그것을 친숙하게 느끼게 된다.

예를 들어, 고객이 친구로부터 당신에 관한 이야기를 듣는다고 생각해 보자. 이것은 첫 번째 접점이다. 그 후 그들이 또 다른 친구로부터 당신의 이야기를 듣는다면, 그것은 두 번째 접점이다. 그러면 아마 고객은 당신의 웹사이트를 확인해 볼 것이다. 당신의 웹사이트가 우리의 프레임워크를 사용하여 만들어졌다면, 고객을 명확한 스토리 속으로 초대하게 되고 고객은 제품이 얼마나 좋은지 더 깊이 이해하게 될 것이다. 이것이 세 번째 접점이 된다. 그런 다음 고객이 PDF를 내려받으면, 네 번째 접점이 이루어지는 것이다. 다음으로 고객은 당신으로부터 이메일을 받기 시작하는데, 이로써 다섯 번째에서 일곱 번째 접점까지 만들어 낼 수 있다. 그리고 고객이 직장에서 동료들과 당신의 제품에 관해 이야기하면 여덟 번째 접점이 만들어진다. 주말에 아홉 번째 접점인 또 다른 이메일을 당신으로부터 받으면, 고객은 지난 몇 주간 제품을 구매하고 싶었지만 그럴 시간이 없었다는 것을 깨닫게 된다. 고객은 마침내 식탁에 앉아 제품을 구매하기 위해 신용카드를 꺼내 들 것이다.

이것이 고객과 관계를 쌓아나가는 방식이다. 그리고 고객에게 이메일을 주기적으로 보내는 것은 빠르게 접점들을 만들어내어 더욱더 빠르게 신뢰 관계를 형성하게 한다.

사실 이런 이메일들이 없다면, 고객은 제품을 절대 주문하지 않을지도 모른다!

# 사람들은 구매 예정일 때
# 가까이에 있어야만 구매한다

사람들은 당신이 판매할 준비가 되었을 때가 아니라 자신들이 구매할 준비가 되었을 때 구매한다. 당연히 그들이 준비되었을 때 당신이 근처에 있다면, 거래가 성사될 가능성이 클 것이다. 매주 이메일을 보냄으로써 그들이 구매를 결정할 때 다른 경쟁자가 아니라 당신이 기억나도록 할 수 있다.

이것뿐만 아니라, 매주 발송하는 이메일은 고객들의 가장 친밀한 소지품인 휴대전화에 표시된다.

고객들은 온종일 휴대전화를 들여다보면서 돌아다닌다. 만약 당신이 문제를 해결해 줄 수 있고 도움과 지원을 제공하며, 엄청난 가치를 무료로 제공하는 가이드라는 사실을 매주 이메일로 상기시킨다면, 그들은 계속 구독자로 남아있을 가능성이 크다. 왜냐하면, 그들이 친구, 가족, 동료들과 소통하는 바로 그 기기로 당신 역시 소통하고 있기 때문이다. 그 소중한 공간을 확보하는 것은 매우 중요한 일이다. 그리고 한편으로는 영광이다.

만약 고객 육성 이메일의 힘을 활용하지 않고 있는데 경쟁사는 활용하고 있다면, 당신은 그 경쟁에서 질 것이다. 그러므로 이메일 주소록에 저장한 고객들에게 가치 있는 내용의 이메일을 꾸준히 보내는 것은 절대적으로 필요하다.

# 고객 육성 이메일은 장기전을 위한 훌륭한 방법이다

고객 육성 이메일 캠페인은 장기적인 노력을 기울여야 하는 일이다.

중도에 포기하지 말자. 당신은 고객이 구매하기까지 7년 동안 매주 이메일을 보내야 할 수도 있다.

고객이 구매를 원할 때까지 연락을 유지하자.

고객이 구매할 준비가 되기 전에 여러 번 구매를 요청해 볼 수도 있지만, 만약 가치 있는 정보를 이메일로 꾸준히 제공하고 있다면, 고객은 지금 당장은 구매에 관심이 없더라도 이메일 구독은 끊지 않을 것이다.

관계에서 헌신을 약속하는 데는 시간이 걸린다. 이는 사랑, 우정, 비즈니스 관계에서는 물론이거니와 고객과 맺는 관계에서는 더욱더 그렇다.


# 구독 취소는 어떻게 다루어야 할까?

구독 취소 버튼은 꼭 필요하다. 당신은 고객의 시간을 낭비하는 것을 바라지 않으며, 이메일 주소록이 당신의 이메일을 원치 않는 사람들로 가득한 것도 원치 않을 것이다.

고객은 언제든지 구독을 취소할 수 있으니 고객을 귀찮게 하는 것에 대해 우리가 죄책감을 느낄 필요 없다. 요즘은 누구나 구독 취소 방법을 잘 알고 있어서, 구독을 취소하지 않는다는 것은 당신이 마음에 든다는 의미이기도 하다. 아주 기분 좋은 일이다.

고객이 이메일을 열어보지 않는 것에 대해서도 크게 걱정할 필요가 없다. 나 역시도 많은 기업으로부터 고객 육성 이메일을 구독하고 있지만, 거의 열어보지 않는다. 하지만 그런 이메일들도 여전히 매우 중요하다. 왜일까? 한 번씩 이메일들을 정리하고 지울 때마다 그 회사의 이름을 보게 되기 때문이다. 이는 탁월한 브랜딩이다. 비록 그 회사들은 내가 읽지도 않는 이메일들을 잔뜩 보내고 있지만, 그 회사에서 이메일들이 왔기 때문에 나는 그들의 존재에 대해서 다시 한번 상기하게 된다. 그래서 나중에 신발, 공구, 혹은 여행 상품을 구매할 준비가 되었을 때, 기억 속에 선명히 떠오르는 그 회사에 전화를 걸게 될 것이다.


# 이메일을 통해 무엇을 달성해야 하는가?

대부분이 당신의 이메일을 열어보지도 않겠지만, 반면에 열어 보는 사람도 적지 않을 것이다. 따라서 우리는 이메일을 매우 잘 써야만 한다.

이메일 쓰는 것이 쉽고 재미있어질 수 있도록 몇 가지 공식을 조금 후에 더 자세히 알려줄 것이다. 지금은 이메일을 통해 무엇을 달성해야 하는지 전체적인 개요를 먼저 살펴보도록 하자.

① 문제를 해결하라
당신이 왜 중요한지 사람들에게 말할 기회를 놓치지 마라. 당신은

왜 중요할까? 특정한 문제를 해결해주기 때문이다. 고객들에게 그 문제를 어떻게 해결할 수 있는지 알려주면 고객은 당신을 영원히 기억할 것이다.

② 가치를 제공하라
잠재 고객들이 원하는 것을 얻을 수 있도록 관련 정보, 접근 권한, 팁을 제공할 수 있는가?

③ 당신에게 해결책이 있다는 점을 상기시켜라
특정한 문제를 해결하는 사람으로 자신을 포지셔닝하지 않을 거라면, 그 문제에 관해서는 언급하지 마라. 고객들의 문제를 해결할 수 있는 어떤 제품을 가지고 있는가?

④ 고객들을 다시 웹사이트로 보내라
고객들은 이미 웹사이트를 방문하여 당신이 만든 PDF를 내려받았으며, 관심을 보였다. 이제 그들을 다시 웹사이트로 초대해 새로운 시선으로 둘러보게 할 차례이다. 당신의 웹사이트는 완벽한 엘리베이터 피치이다. 다시 웹사이트로 초대하여 고객의 구매 욕구를 끌어올릴 수 있다.

우리 클라이언트 대부분은 그들의 제품과 서비스를 판매하는 데 조심스러워한다. 고객들에게 구매를 강요하는 직설적인 홍보처럼 보이는 것을 꺼리기 때문이다.

고객 육성 이메일 캠페인의 가장 큰 장점 중의 하나는 무료로 가치 있는 것을 제공한다는 점이다. 물론 이메일에서 제품에 관해 언급할 수도 있겠지만, 이것은 구매를 강요하는 것과는 거리가 멀다.

고객 육성 이메일 캠페인은 단지 물건을 파는 것보다 훨씬 더 중요한 의미가 있다. 바로 고객이 찾아 헤매던 평생의 가이드로서 당신을 포지셔닝해 준다. 고객 육성 이메일 캠페인의 진짜 목적은 특정 분야에 있어서 고객이 연락해야 할 가장 첫 번째 대상이 당신임을 확실히 알도록 하는 것이다.

그런 의미에서 당신이 제공하는 모든 정보는 고객의 삶에서 어떤 부분이 잘못되었고, 어떻게 삶을 향상할 수 있는지에 관한 전문적인 조언이어야 한다.

만약 운동화를 파는 기업이라면, 평소 신던 신발이 왜 금방 닳는지, 왜 허리 통증을 느끼는지, 그리고 적합한 신발 한 켤레가 어떻게 그들을 운동선수처럼 만들어주는지에 관한 정보들을 고객들에게 이야기해줄 수 있을 것이다.

만약 고객이 이런 변화를 직접 경험해보고 싶다면, 당신의 신발을 구매할 것이다.

만약 경영 컨설팅 서비스를 제공하는 사람이라면, 일반적인 회사 경영 예측이 잘못된 이유, 경영진들이 저지르는 실수들, 실질적인 실행 계획을 수립할 필요성 등에 관해서 이야기할 수 있을 것이다.

만약 고객들이 이러한 주제들에 대해 더 깊이 알고자 한다면, 당신의 컨설팅 서비스를 신청할 것이다.

당신은 고객들에게 왜 당신의 제품 없이 살면 곤경에 처할 수 있는지, 그리고 당신의 제품이 어떻게 그 문제를 해결할 수 있는지를 계속 알려줘야 한다.


# 기본적인 고객 육성 캠페인의 구조

고객을 육성할 방법은 여러 가지다. 초기 단계의 이메일 캠페인을 효과적으로 구성할 수 있도록, 쉽게 만들 수 있으면서도 즉각적으로 효과를 볼 수 있는 고객 육성 이메일 캠페인 세 가지 유형을 알려주겠다.

# ☑️ 고객 육성 이메일 캠페인의 종류

## 🎯 주간 소식 공유

매주 월요일 아침, 우리 회사는 팟캐스트 예고편에 관한 이메일을 발송한다. 우리 팟캐스트는 기업의 성장에 도움이 되는 전문가들의 이야기로 구성되어 있어서 구독자들은 매주 유익한 콘텐츠를 제공받는 것이라 할 수 있다.

팟캐스트 예고편 이메일의 진정한 가치는 고객에게 매주 이메일을 보내는 구실을 제공해 준다는 것이다. 그리고 각 이메일에 우리가 어떻게 전문가를 인터뷰했는지에 관한 설명을 포함함으로써 추가적인 가치를 더할 수 있다.

우리 사업의 성장에 더 도움이 되는 것이 실제 팟캐스트인지, 아니면 팟캐스트를 소개하기 위해 매주 보내는 예고편 이메일인지는 알기 어렵다. 하지만 두 가지 모두가 고객과의 훌륭한 접점임은 틀림없다.

당신은 고객들에게 매주 어떤 내용을 이메일로 전달할 수 있는가? 주간 제품 포커스? 매주 월요일 아침의 경영 팁? 훌륭한 기타 연주자가 되기 위한 기타 교육 시리즈?

고객들에게 이메일을 보낼 구실을 찾아서 당신의 존재를 끊임없이 상기시켜라.

비록 고객 육성 이메일의 목적이 제품 판매가 아닐지라도, 이메일 끝부분에는 제품에 관한 내용을 포함하라. 이는 구매를 강요하기 위함이 아니라 단지 고객들에게 당신이 어떤 서비스와 제품을 제공하며 그것이 고객의 문제를 어떻게 해결해 줄 수 있는지를 알려주기 위함이다.

우리 회사의 주간 팟캐스트 소식 이메일에도 이 방법을 적용하고 있다. 이메일의 주목적은 사람들에게 팟캐스트에 관해 알리는 것이지만,

이메일 하단에 광고를 삽입하여 구독자들에게 우리 제품을 상기시킨다. 아래는 주간 소식 이메일 예시이다.

---

**흥미를 끄는 제목:**
금융회사가 당신을 속이고 있습니까?

**콘텐츠에 관한 짧은 설명:**
금융시장이 실제로 당신의 사업에 얼마나 영향을 미치고 있는지 아십니까? 아마 여러분이 알고 있는 것 이상일 것입니다. 그리고, 여러분이 알지 못하는 것들로 인해 여러분의 사업과 직원들에게 부정적인 영향을 끼칠 수 있습니다. 오늘 팟캐스트에서는 조시 로빈스 씨를 모시고 재정 문제, 투자, 퇴직 연금 등과 관련하여 현명한 결정을 내리고 금융 회사에 이용당하지 않도록 하는 데 필요한 모든 정보를 알아보고자 합니다.

**행동 촉구:**
지금 듣기

### Is the Financial System Ripping You Off?

How much do financial markets actually impact your small business? More than you probably realize. And in this case, what you don't know really can hurt you -- and your employees. Today on the podcast, Josh Robbins will arm you with the information you need to make smart decisions about your financial advisors, investments and 401k plans -- without getting taken advantage of.

**LISTEN NOW**

*짧은 광고:*

스토리브랜드 라이브 마케팅 워크숍, 5월 19~20일

스토리브랜드 프레임워크<sub>StoryBrand Framework</sub>의 효과를 경험하는 기업이 늘어나면서 마케팅 워크숍의 규모는 점점 더 커지고 있습니다. 하지만 이번 워크숍은 조금 더 특별합니다.
이번 이벤트는 내슈빌의 클레멘타인홀에서 5월 19~20일까지 열립니다. 클레멘타인홀은 매우 친숙하고 아름다운 장소이며, 이처럼 소규모 그룹과 함께하는 라이브 마케팅 워크숍은 아마 이번이 마지막일 것입니다. 이 기회를 놓치지 마세요!

*두 번째 행동 촉구:*

지금 등록하기

## 🔍 매주 유용한 팁 공유

매주 공유할 만한 또 다른 적합한 이메일 주제는 제품이나 서비스와 관련하여 고객의 삶의 질을 향상할 유용한 팁 모음이다.

예를 들면, 이번 주의 칵테일 레시피, 금주의 요리 레시피처럼 매주 일관된 테마를 공유할 수도 있고, 집, 시간, 또는 삶을 정리하는 데 도움이 되는 여러 팁을 제공할 수도 있다.

어떤 종류의 주제를 공유해야 할지 결정하기 어렵다면, 설문조사를 통해 구독자들이 어떤 콘텐츠를 원하는지 알아보자. 그들은 어떤 도움이나 조언이 필요한가? 그들이 매주 가장 많이 직면하는 세 가지 문제점은 무엇인가?

운영 중인 소셜 미디어에서 어떤 게시물이 가장 많은 관심을 받고 있는지 분석해볼 수도 있을 것이다. 만약 사람들이 특히 흥미를 보이는 특정한 주제나 사진들이 있다면, 이를 바탕으로 새롭게 유용한 콘텐츠를 만들어볼 수 있다.

만약 요리 용품을 파는 가게를 운영한다면, 당신의 고객들은 요리를 잘하고 싶지만, 기본 양념에 대해 잘 모를 수도 있다. 그렇다면, 기본 요리 지식을 공유하라! 매주 고객들에게 기본 양념에 관한 이메일을 보내라. 각 양념을 어디에 쓸 수 있는지, 어떻게 만들었는지, 왜 이것이 꼭 음식에 들어가야 하는지 알려주자. 그리고 그 양념을 사용한 레시피를 반드시 포함하라. (만약 이런 고객 육성 캠페인을 진행할 예정이라면, 나도 가입시켜주기 바란다!)

다음은 우리 클라이언트들에게 효과적이었던 몇 가지 유용한 팁 이메일 예시들이다.

ex ⓥ 다이어트 비법　　　ⓥ 칵테일 레시피

    ⊘ 패션 코디 팁      ⊘ 리더십 비법

    ⊘ 매주 월요일 동기부여 팁    ⊘ 아이와 함께하는 놀이

    ⊘ 새로운 요가 동작      ⊘ 소셜 미디어 마케팅 팁

    ⊘ 강아지 훈련 팁      ⊘ 신변 안전을 위한 팁

    ⊘ 매주 정원 가꾸기 프로젝트  ⊘ 부모와 사춘기 자녀의 소통 방법

이렇게 고객들에게 제공할 수 있는 팁의 주제는 무한하다. 당신은 전문가이며 고객들은 더 알고 싶어 한다는 사실을 명심하자. 고객에게 당신의 전문성과 권위를 보여주고 당신이 아는 것을 공유하자!

이런 부류의 이메일 기본 구조는 매우 간단하다.

이메일을 블로그 포스트나 짧은 잡지 기사라고 생각하면 된다.

① 명확한 제목으로 시작하라

애매하거나 두루뭉술한 제목을 사용하지 않도록 하자. 눈길을 끄는 제목을 사용하되 이메일 내용이 무엇인지 명확하게 보여주어야 한다. 만약 제목을 보고 내용을 예측하기 어렵다면, 나는 그 이메일을 열어보지 않을 것이다.

② 문제를 언급하라

고객의 문제를 언급하고, 그 해결 방법을 알려주겠다는 것을 간단히 설명하라.

③ 전략적 팁이나 가치를 제공하라

문제 해결 방법을 간단하게 알려주자. 가능하면 문제를 단계별로 나누어라. 이메일도 시각적이어야 한다는 것을 기억하라.

④ 가이드로 포지셔닝하라

공감을 표현하고 권위 또는 역량을 보여주면서 당신을 가이드로 포지셔닝하라. 고객이 겪고 있는 어려움에 대해 어떻게 또는 왜 당

신이 염려하고 있는지 짧게 언급하고, 그들을 돕기에 당신이 적임자인 이유를 알려라.

⑤ 판매 제품을 소개하라

마지막으로 제품이나 서비스에 관해서 언급하는 것을 잊지 말자. 언급한다고 해서 당장 매출에 큰 영향이 있는 것은 아니지만, 진짜 목적은 매출이 아니다. 진짜 목적은 잠재 고객들이 무의식중에 기억하도록 연습시키는 것이다. 당신이 어떤 문제를 해결하고 어떤 제품을 파는지 그들이 떠올릴 수 있도록 계속 알려주자.

다음은 성공적으로 진행되었던 유용한 팁 이메일의 한 예시이다.

---

**명확한 이메일 제목:** 체중 7kg 감량을 위한 10가지 팁

다이어트 과정에서 마지막 7kg을 감량하는 게 기존의 일반적인 방법으로는 어렵다는 사실을 저희는 잘 알고 있습니다.
마지막 7kg을 감량하는 것은 완전히 새로운 게임입니다.
우리 회사의 많은 의사와 연구원은 그 원인을 밝혀냈습니다. 바로 여러분 몸의 설정값이 바뀌었기 때문입니다. 즉, 아직 7kg을 더 감량해야 하지만, 몸은 이미 여러분이 말랐다고 인지하고 있는 것입니다!
하지만 걱정하지 마세요. 우리는 이미 수천 명의 사람이 마지막 7kg을 성공적으로 감량하도록 도왔고, 당신의 다이어트도 도와드릴 수 있습니다.
중요한 것은 여러분이 적극적으로 임하고 활동량을 늘려야 한다는 것입니다. 여러분은 마치 야구 선수가 상대 투수를 대하는 것처럼 접근해야 합니다.

---

전략을 세우고 성공을 향해 나아가세요.

자세한 설명은 다음에 하고, 마지막 7kg을 감량할 수 있는 10가지 팁을 공개하겠습니다.

### *마지막 7kg 감량을 위한 열 가지 팁*

1. 주변 사람들에게 다이어트 중임을 알리고 함께할 만한 파트너 또는 그룹을 찾으세요.

   같은 목표를 가진 의욕이 넘치는 사람들에게 둘러싸여 있으면 성공 확률을 크게 높일 수 있습니다. (우리는 이런 효과를 매일 목격하고 있습니다!)

2. 여러분을 유혹하는 건강에 해로운 음식들을 냉장고, 부엌 찬장, 테이블 등에서 모두 치우세요.

   왜 여러분의 다이어트 목표에 방해되는 음식들을 집안에 보관하고 있나요? 유혹 제거 = 다이어트 실패 방지!

3. 건강에 좋은 400~600cal 식단을 바탕으로 구체적인 장보기 목록을 만드세요.

   아무 계획 없이 마트에 가지 마세요. 미리 장보기 목록을 준비하고 자연식품 및 건강식품 진열대 근처에서만 장을 보세요. (P.S. 보너스 팁: 마트를 돌아다니는 유혹에 빠지지 않도록 쇼핑 시간을 제한해 보세요. 특히 아이들은 이런 게임을 아주 좋아합니다!)

4. 가끔 몇 끼는 거르세요.

   의사의 허락하에 가끔 아침이나 점심, 저녁을 거르는 것도 좋습니다. 더 많은 연구가 장을 가끔 쉬게 해주는 것이 실제로 몸에 더 좋다는 것을 점점 보여주고 있습니다. 이는 몸이 음식 없이 스스로 지탱하는 법을 알게 하고, 혈당을 안정시키며, 지방을 태우게 해줍니다. 매주 서너 끼 정도를 거르고 여러분의 몸이 갈망했던 휴식을 주세요. 더 자세한 정보를 알고 싶으신가요? '간헐적 단식'이라고 검색해보세요.

5. 물을 더 많이 마시세요! 매일 체중의 절반 이상의 물을 마셔야 합니다.

   마신 물의 양을 정확히 알 수 있는 물통을 사용하세요. 만약 물을 마셔야 한다는 사실을 자꾸 잊어버린다면, 핸드폰에 알람을 설정해두고 습관이 될 수 있도록 하세요.

6. 무엇을 먹는지 기록하세요.

   칼로리를 매일 기록하세요. 단순히 칼로리를 계산하기 위해서가 아니라 인식을 개선하기 위해 일지를 적어보세요. 대부분은 하루에 먹은 것의 절반 이상을 기억하지 못합니다. 먹은 것을 기록함으로써 개선할 수 있는 반복되는 습관들을 파악할 수 있을 것입니다. 어느 누가 아이스크림을 하루의 마지막 기록으로 남기고 싶어 할까요?

7. 하루에 먹는 단백질의 양을 늘리세요. 변성되지 않은 유청 단백질을 함유한 제품을 찾아보세요.

   여러분의 몸은 탄수화물을 저장하는 것만큼 빨리 단백질을 저장하지 못합니다. 게다가, 단백질은 탄탄한 근육의 구성 요소로서, 실제로 더 많은 칼로리를 소모하는 데 도움이 됩니다. 하루에 먹는 단백질의 양을 늘린다면, 체중을 줄이는 데 도움이 될 것입니다.

8. 스트레스를 줄이세요.

   스트레스와 체중은 같이 증가한다는 사실을 여러분은 잘 모르실 겁니다. 스트레스는 체내에 코르티솔의 함유량을 증가시켜 체내의 지방 저장량을 높은 비율로 증가시킵니다.

9. 자기 전에 유청 단백질을 마시세요.

   여러분이 잠을 자는 동안에 몸이 단백질을 분해하면서 뱃살에 있는 지방도 같이 태우게 됩니다. (자는 동안 다이어트 효과를 더할 수 있답니다!)

10. 매일 밤 편안히 주무세요. 건강한 수면은 천연 멜라토닌을

생성합니다.

수면은 모든 건강한 생활 습관에 필수적입니다. 여러분의 몸은 하룻밤에 7~8시간 충분히 휴식해야 합니다. 비록 피곤함을 느끼지 않더라도 잠을 이보다 적게 자는 것은 몸이 최상의 성능을 발휘하지 못하게 합니다.

우리는 마지막 7kg을 감량하는 것이 얼마나 힘든지 잘 알고 있지만, 또한 그것이 가능하다는 것도 알고 있습니다. 가능할 뿐만 아니라 심지어 그 과정이 즐거울 수도 있습니다.

우리는 그동안 바로 이 헬스장에서 1,245명의 사람이 마지막 7kg을 감량할 수 있도록 도왔습니다. 우리가 제공하는 격주 운동 수업에 등록하면 몸이 어떻게 지방을 태우는지를 먼저 배우게 될 것입니다.

만약 1회 무료 수업에 참석하기를 원하신다면, 오늘 바로 전화 주세요. 등록을 도와드리겠습니다.

마지막 7kg을 감량하고 싶으시다면(혹은 첫 10kg!), 우리가 바로 여러분이 찾던 헬스클럽입니다.

지금 전화 주시면 바로 다음 수업을 예약해 드리겠습니다.


연락처 정보: _____


감사합니다.

짐 스미스, 헬스 앤 웰니스 헬스클럽


P.S. 친구와 함께 방문하시면 두 분 모두에게 첫 2회 무료 수강권을 드립니다. 오늘 전화 주세요.

이 이메일의 좋은 점은 고객이 헬스클럽에 돈을 내든 말든 관계없이 문제를 해결하는 정보를 제공한다는 것이다. 또한, 함께 문제를 해결하기를 원하는 경우, 고객의 손을 잡고 돕겠다는 사실을 알리고 있다.

당신의 도움이 있다면, 마지막 7kg을 감량할 가능성이 훨씬 크다는 이야기이다. 제공한 정보들이 너무 당연한 것처럼 느껴질 수도 있지만, 어떤 고객은 다이어트가 처음일 수도 있고 또 다른 고객은 관련 정보를 다시 한번 상기할 필요가 있을 수도 있다. 이런 이메일은 고객에게 신뢰를 얻고 고객의 참여를 높이는 데 효과가 있다.

이 이메일의 또 다른 좋은 점은 열 번에 걸쳐 매주 보낼 수 있는 콘텐츠라는 것이다. 각각의 팁을 바탕으로 조금 더 자세히 설명하면 10주 치의 훌륭한 콘텐츠가 준비된다. 고객과의 접점을 열 번 만들 수 있는 것이다!

## 🔍 주간 업데이트 공유

나 역시도 관심 있는 제품을 판매하는 회사들이 보내는 마케팅 이메일을 많이 구독하고 있다. 그중 일부는 나에게 도움이 되는 정보를 포함하고 있지만, 나는 주로 신제품에 대한 정보를 얻거나 특별 할인 정보들을 얻기 위해서 이메일을 구독한다.

만약 당신의 브랜드가 끊임없이 새로운 제품을 출시하는 브랜드라면, 간단하게 제품 카탈로그 형식의 페이지를 이메일에 포함하면 된다. 너무 복잡하게 생각할 필요 없다.

그리고 제품이 (고객의 문제를 해결하기 위해) 어떻게 만들어지는지, 또는 제품을 어떻게 하면 더 유용하게 사용할 수 있는지에 관한 이메일을 가끔 추가로 보낸다면 조금 더 높은 수준으로 제품을 홍보할 수 있다.

이런 정보들은 브랜드 특유의 개성을 더해주기도 한다.

최근 나에게서 컨설팅을 받은 어떤 신발 브랜드는 매출을 늘릴 수 있는 가장 빠르고 효과적인 방법을 알고 싶어 했다. 그들은 이미 브랜딩에 엄청난 돈과 노력을 들였고 고객들에게 브랜드를 알리기 위한 이메일들을 계속 보냈지만, 정작 회사를 가장 빨리 성장시킬 수 있는 한 가지를 하지 않고 있었다. 바로 그들의 신발 사진이 들어간 이메일을 보내지 않았던 것이다.

나는 고객 리스트를 남성, 여성, 청소년 그리고 아이가 있는 부모, 이렇게 네 개의 그룹으로 먼저 분류하라고 권유하였다. 그런 다음 각 그룹의 고객들에게 적합한 맞춤형 신발 이미지를 담은 이메일을 매주 보내도록 했다.

텍사스의 포트워스Fort Worth에서 함께 일했던 또 다른 회사는 단순히 트럭 사진들을 발송하면서 사업을 크게 성장시켰다. 그 회사는 세계에서 중고 리프트 트럭을 가장 많이 판매하는 회사이다. 그들에게는 매주 어떤 주간 업데이트 메일을 보내라고 했을지 궁금한가? 'Truck Tuesday: 최근 새로 추가된 트럭 사진들을 보여주는 주간 이메일.' 트럭을 좋아하는 사람이라면 어느 누가 이 이메일을 마다하겠는가? 나 역시 이미 트럭을 소유하고 있지만, 여전히 모든 이메일을 열어보고 있다.

제품에 관한 주간 업데이트 이메일의 핵심은 항상 고객들에게 새롭고 흥미진진한 것을 알려주어야 한다는 것이다.

이런 유형의 고객 육성 캠페인은 제품 옆에 '바로 구매' 혹은 '쇼핑하기'와 같은 직접적 행동 촉구 버튼을 당연히 포함해야 한다.

다음은 우리 클라이언트들에게 성공적인 결과를 가져다주었던 주간 업데이트 이메일의 예시들이다.

ex ⓥ 금주의 이벤트 캘린더

　　ⓥ 이번 주 스페셜 메뉴

　　ⓥ 이번 주 새로 들어온 제품

　　ⓥ 이번 주의 식물

　　ⓥ 새로 나온 부동산 매물

　　ⓥ 금주의 관심 종목들

　　ⓥ 10% 할인과 같은 금주 스페셜

　　ⓥ 금주의 레시피

　　ⓥ 이번 주의 하우투How-to 동영상

　몇몇 회사가 저지르는 결정적인 실수는 고객 육성 이메일을 회사에 관한 정보로 가득 채우는 것이다. 고객들에게 매주 회사 직원을 한 명씩 소개하는 것은 고객의 문제를 해결하지 못하며, 고객들은 이런 정보에 전혀 관심이 없다.

　또한, 이메일 제목을 명확하고 일관되게 유지하여 사람들이 원하던 정보를 놓치지 않고 확인할 수 있게 만들자.

## 천천히 시작하고 과정을 즐겨라

　고객 육성 이메일 캠페인의 좋은 점은 모든 것을 자동화할 수 있고, 매주 새로운 주제를 추가할 필요가 없다는 것이다. 처음에는 몇 개의 근사한 이메일을 작성하는 것부터 시작하라. 고객의 참여가 증가하기 시작하면 이메일을 더 추가하고 싶은 동기가 생길 것이다. 그렇게 이메일을 추가하다 보면 곧 당신은 고객에게 가치를 제공하고 신뢰를 쌓도록 할 52개의 이메일을 보내게 된다.

만약 당신이 일관된 주제의 고객 육성 이메일을 보내고 있지 않으며 매주 이메일을 보내야 하는 게 너무 부담스럽게 느껴진다면, 너무 걱정하지 마라. 천천히 시작하면 된다. 이미 만든 콘텐츠가 있다면 살짝 변경해 사용하거나, 글쓰기에 소질이 없다면 작가를 고용할 수도 있다. 나는 내가 꽤 괜찮은 작가라고 생각하지만, 항상 카피라이터를 고용한다. 그들이 만들어내는 결과물이 좋을 뿐만 아니라 새로운 목소리로 작성한 신선하고 재밌는 글을 고객들에게 보내는 것이 더 좋기 때문이다.

# 이메일 아이디어는 어디에서 얻을 수 있을까?

이메일 보내기가 얼마나 쉽고 즐거운 일인지 깨닫게 되면, 항상 기회를 엿보기 시작할 것이다.

당신은 앞의 실전 연습에서 다섯 가지 혹은 열 가지 정도 리드 제너레이팅 PDF 아이디어를 생각해 보았을 것이다. 실제 리드 제너레이팅 PDF로 만들어질 것은 그중 한 가지일 테니, 나머지 네 가지나 아홉 가지 정도의 아이디어를 활용해 고객 육성용 이메일로 만들어보는 건 어떨까?

또한, 고객들에게 어떤 정보가 필요한지 물어볼 수도 있을 것이다. 주간 레시피나 운동 동기를 부여하는 내용이 도움을 줄까? 고객들이 오히려 멋진 아이디어를 제공해 줄지도 모른다.

요점을 말하자면, 만약 적어도 일주일에 한 번씩 고객에게 이메일을 보내고 있지 않다면, 당신은 좋은 기회를 놓치고 있다는 것이다. 그리고 기회를 놓치는 것보다 더 나쁜 것은, 당신이 잊히고 있다는 것이다.

내가 아내를 설득해서 결혼하게 된 것과 같은 방법으로 당신은 회사를 성장시킬 수 있다. 나는 자전거를 타고 계속 그녀의 집 근처를 지나다니는 노력도 마다하지 않았다. 만약 당신이 도움이 되고 친절하며 무섭지 않다고 상대가 느낀다면, 결국 당신은 결혼에 골인할 수도 있다. 즉, 고객이 당신의 제품을 구매할지도 모른다.

# Chapter 9

# 판매 촉구
# 이메일 캠페인

*거래를 성사시키는 방법*

고객 육성 이메일 캠페인이 고객에게 가치를 제공하고 신뢰를 쌓는 데 초점을 맞추고 있다면, 판매 촉구 이메일 캠페인은 실제 판매를 성사시키는 것에 중점을 둔다.

판매 촉구 이메일 캠페인은 당신의 제품이 고객들의 문제를 해결하는 데 어떻게 도움을 줄 수 있는지에 관한 전반적인 이야기를 공유하고 실제로 고객에게 구매를 요청할 좋은 기회다.

따라서 판매 촉구 이메일 캠페인을 추진할 때는 수줍은 듯 조심스레 접근하는 것보다 고객이 당면한 문제를 해결하는 데 행동을 취하도록 격려하는 방식으로 접근해야 한다. 오늘 당장 하도록 말이다.

# 고객이 수락 또는 거절할 수 있는
# 무언가를 제공하라

판매 촉구 이메일 캠페인의 목적은 고객들이 받아들이거나 거부할 수 있는 무언가를 제공하는 것이다. 지금까지 당신은 고객과 친근하고 다정하며 유익한 비즈니스 관계를 쌓아왔다는 점을 기억하라. 그리고 비즈니스 관계는 거래를 기반으로 한다.

만약 당신이 제품이나 서비스를 제공하는 대가로 사람들에게 돈을 요구하는 것을 두려워한다면, 그것은 스스로 자신의 제품이나 서비스를 신뢰하지 않는 것이다. 고객의 문제를 해결하고, 그들의 고통을 해소하고, 그들의 삶을 개선할 수 있다고 믿지 않는 것이다. 만약 그렇다면, 당신은 새로운 제품을 찾아야 한다. 하지만 당신에게 사람들의 골칫거리나 문젯거리를 해결해줄 수 있는 묘약이 있다면, 사람들에게 판매하라! 그것은 옳은 일이다.

많은 사람이 제품을 판매할 때 수동-공격적 전략을 사용한다. 그들은 제품에 관해 언급하면서도 "지금 구매하시겠습니까?" 혹은 "몇 개 주문하시겠습니까?"와 같은 말을 절대 하지 않는다.

고객들은 수동-공격적 판매 방식을 약하다고 받아들인다. 이는 예전 연애 초짜 시절 내 방식과 크게 다르지 않다. 만약 마음에 드는 그녀에게 '오늘 예뻐 보인다, 음악 취향이 나랑 잘 맞는다, 우리는 같은 책을 읽었다.' 등의 대화는 계속하면서 시간이 지나도 "대화를 계속하고 싶은데, 괜찮으시면 저랑 데이트하실래요?"와 같은 요청을 하지 않는다면, 그 관계는 어색해질 것이다. 사람들은 당신이 원하는 것이 무엇이며 이 관계가 어떻게 진행될 것인지 알고 싶어 한다. 사람들은 받아들이거나 아니면 거부할 수 있는 분명함을 원한다.

물론 너무 빨리 헌신을 요구하면, 관계가 어색해지는 것은 사실이다. 하지만 지금까지 당신이 고객들과 쌓아온 관계를 고려해볼 때 이 시점에서는 그들에게 헌신을 요구해도 괜찮다. 내가 장담한다.

## 모든 사람이 기꺼이 헌신하지는 않는다

또 다른 기억해야 할 점은 판매 촉구 이메일 캠페인을 통해 모든 사람을 구매자로 전환할 수는 없다는 사실이다. 대부분은 여전히 구매하지 않을 것이다. 하지만 괜찮다. 당신은 고객의 시간을 존중했고 이메일을 보낼 권리도 얻었으니, 아무도 당신이 헌신해 달라고 요청하는 것을 비난하지 않을 것이다. 고객에게 구매 의향을 물어봄으로써 상당히 많은 거절도 당할 수 있다. 하지만 한편으로는 당신의 제안이 받아들여지기도 할 것이다. 거절당하는 것을 두려워하는 사업가들을 일컫는 한 단어가 있다. 우리는 그들을 빈털터리라고 부른다.

## 고객 육성 캠페인과 판매 촉구 캠페인,
## 어느 것이 먼저일까?

우리는 먼저 판매 촉구 캠페인으로 시작해서 일주일 정도 진행해 보라고 말한다. 그리고 고객 육성 캠페인을 이어서 진행하면, 고객과의 관계를 계속 유지할 수 있다.

왜 고객의 동의를 구하지도 않고 판매 촉구부터 시작하는지 의아할 수도 있는데, 우리는 이미 원라이너, 웹사이트, 그리고 리드 제너레이터를 통해 고객의 동의를 획득하였다는 사실을 잊지 말자. 이제는 구매를 요청할 시간이다. 그리고 고객이 구매하지 않더라도 고객 육성 캠페인을 통해 관계를 계속 유지할 수 있다. 그러면 나중에 고객이 구매 준비가 되었을 때 우리를 떠올릴 것이다.

혹은 고객 육성 이메일 캠페인을 먼저 시작한 뒤에 판매 촉구 이메일 캠페인을 하는 것도 괜찮다. 왜일까? 회사 대부분은 판매 촉구 이메일 캠페인 없이도 성장할 수 있기 때문이다. 고객 육성 캠페인은 그 정도로 매우 강력하다. 하지만 판매 촉구 이메일 캠페인도 분명 효과가 있으니 간과하지는 말자. 우리는 잘 만들어진 웹사이트, 리드 제너레이터, 고객 육성 캠페인만으로도 좋은 결실을 보고 있던 회사가 판매 촉구 캠페인을 추가하면서 매출이 두 배로 증가하는 것을 보았다.

당신은 이 유익한 툴을 아주 좋아하게 될 것이다.

다음은 판매 촉구 캠페인을 만들 때 유념해야 할 몇 가지 사항들이다.


① 어떤 제품을 판매할지 결정하라

판매 촉구 캠페인은 고객 육성 캠페인과는 다르게 단일 제품 판매에 초점을 맞출 때 가장 효과적이다. 여러 제품에 대해 여러 개의 다른 판매 촉구 캠페인을 만드는 것은 괜찮지만, 하나의 캠페인에서 여러 제품을 동시에 포함하거나 한꺼번에 판매하려고 하면서 고객을 혼동시키지 않도록 하자.

② 제품이 해결할 수 있는 문제를 명시하라

지금까지 이러한 이야기를 여러 번 반복해서 언급한 것을 나도 잘 안다. 하지만 너무 많은 사람이 잊어버리기 때문에 계속 강조할 수밖에 없다. 만약 당신이 영화 시나리오를 쓰고 있다면, 나는 이 점을 똑같이 강조하고 싶다. 모든 스토리, 모든 장면, 모든 캐릭터는 해결되어야 할 문제가 있을 때 비로소 의미가 있다. 판매 촉구 캠페인도 마찬가지다. 판매 촉구 캠페인은 단순히 제품을 판매하기 위한 것이 아니다. 이는 고객의 문제를 해결하기 위함이며, 제품은 문제를 해결하는 데 필요한 도구이다. 당신의 제품은 고객의 문제를 해결할 때 비로소 빛을 발한다. 만약 문제 해결에 관해 말하지 않는다면 당신의 제품은 아무런 의미가 없다. 고객의 어떤 문제 해결을 도와줄 것인지 결정하고 이메일로 그것에 대해 여러 번 반복해서 이야기하자.

③ 이메일 전체를 행동 촉구(구매 요청)로 채우자

고객 육성 이메일은 행동을 촉구하는 문안을 포함하면서 제품 판매를 꽤 효과적으로 유도한다. 하지만 판매 촉구 이메일은 이와는 다르다. 고객 육성 이메일은 문제 해결에 관한 정보를 제공함으로써 가치를 더한 후 마지막에 행동을 촉구하지만, 판매 촉구 이메일은 행동 촉구 자체에 중점을 둔다. 그것이 판매 촉구 이메일의 핵심이다. 모든 단어, 모든 문장, 그리고 모든 단락은 한 가지 목적에 부합해야 한다. 고객이 제품을 주문하도록 행동을 촉구해야 한다. 고객에게 단지 주문하고 싶은지 물어보는 것만으로는 충분하지 않다. 영업적인 맥락에서 보았을 때, 너무 공손한 요청은 약하게 들리며 마치 당신 스스로 제품을 별로 신뢰하지 않는 것처럼 보이게 한다. 판매 촉구 이메일에서는 고객들이 실제 주문을 하도록 강력하게 권유해야 한다.

④ 구매 가능한 기간을 짧게 주어라

모든 판매 촉구 이메일에 한정된 기간에만 제공되는 할인 혜택을 포함할 필요는 없지만, 가능하다면 그렇게 하는 것이 좋다. 고객에게 제품을 구매할 기회나 할인 혜택을 누릴 기회가 곧 사라진다고 말하라. 영화 대부분에서 영웅들이 시간적 제약에 당면하는 것을 보았을 것이다. 시간이 얼마 없다는 사실은 즉각적인 행동을 취하게 만든다. 만약 그것이 영화에서 통한다면, 마케팅 캠페인에서도 통할 것이다. 결정을 내릴 시간이 무한하지 않다는 것을 고객이 인지할 때 실제 행동을 취할 가능성이 더 크다. 당신은 판매 촉구 연재물을 고객 육성 연재물처럼 길게 연재하거나 열린 결말로 마무리하고 싶지는 않을 것이다. 약간의 긴박감을 조성하면 더 좋은 결과를 얻을 수 있다.

# 판매 촉구 캠페인을 만들어보자

좋은 판매 촉구 이메일을 작성하는 것은 과학이라기보다는 예술에 가깝지만, 첫 시도의 성공률을 높일 수 있는 몇 가지 공식이 있다. 판매 촉구 이메일을 쓰는 것에 점점 더 익숙해지고 나면 이 공식들을 이리저리 섞어 사용할 수 있겠지만, 처음에는 한두 개의 템플릿으로 시작하는 것이 좋다. 나는 클라이언트를 위해 오랫동안 판매 촉구 이메일을 작성하고 있지만, 여전히 이 템플릿 공식들을 찾는다.

처음에 쉽게 작성할 수 있는 판매 촉구 이메일 시리즈를 소개한다.

① 이메일 #1: 가치 제공
첫 번째 이메일은 고객들이 이메일 주소로 등록할 때 제공하기로 약속했던 콘텐츠나 리드 제너레이터를 전달해야 한다. 첫 이메일은 근사하고 짧으며, 어떤 것도 팔지 않아야 한다. 제공하기로 약속한 무

료 콘텐츠만 전달하자. 여기서 추가해야 하는 것은 단지 원라이너로, 잠재 고객들에게 당신이 왜 존재하며 어떤 문제를 해결하는지 다시 한번 상기시킬 수 있다. 고객들에게 자료 신청에 대한 감사를 표하고 자료를 보낸 후에는 그들이 충분히 읽을 수 있도록 하루나 이틀 정도 시간을 주자. 우리는 곧 다시 연락을 취할 것이다.

② 이메일 #2: 문제 + 해결책

며칠이 지난 후, 당신이 고객을 위해 해결하고자 하는 문제가 무엇인지 두 번째 이메일로 알려주자. 문제를 언급한 후에는 고객이 겪는 어려움에 대해 충분한 공감을 표현하라. 그런 다음, 문제에 대한 명확한 해결책으로 당신의 제품 또는 서비스를 소개하자. 지금 당신은 분명 제품을 판매하고 있는 것이지만, 고객이 이 시점에 제품을 구매할 것이라 기대하지는 마라. 보통 거래가 성사되는 것은 세 번째, 네 번째 혹은 다섯 번째 이메일에서다. 하지만 이 두 번째 이메일에서 분명하게 당신의 제품을 홍보하라. 고객에게 수락하거나 거절할 수 있는 선택권을 제공해야 함을 잊어서는 안 된다.

③ 이메일 #3: 고객 후기

만약 성공적이라면, 두 번째 이메일은 잠재 고객들에게 당신이 제공하는 것을 원하도록 만들었을 것이다. 그러나 그들은 충동구매를 원하지 않는다. 고객들이 느끼는 감정 중 하나는 영업 전략에 어리석게 넘어갈지도 모른다는 의구심이다. 물론, 우리는 제품을 구매하는 것이 어리석은 결정이 아니라는 것을 알지만, 고객이 현명하게 결정한다고 느낄 수 있도록 도와줄 필요가 있다. 고객이 안전하다고 느끼게 되는 양상 중 하나는 얼마나 많은 사람이 제품과 서비스를 이미 이용 중인지 확인하는 것이다. 그것이 바로 고객 후기가 매우 중요한 이유 중 하나이다. 제품 또는 서비스로 만족스러운 경험을 한 고객들을 찾아 그들의 긍정적인 경험을 추천 후기로 남기도록 하자. 후기는 짧고 명확해야 한다는 것을 기억하라. 이메일을 장황하고 길게 작성해서는 안 된다. 보통 이 세 번째 이메일부터 성공적인 결과를 경험하기 시작한다.

④ **이메일 #4: 거부감 해소**

이쯤이면 많은 고객이 당신의 제품을 구매하고 싶어 하고 심지어 언젠가는 사야겠다고 생각하는지도 모르지만, 여전히 구매를 망설이게 하는 어떤 의구심이 있을 것이다. 네 번째 이메일에서는 구매를 망설이는 고객들이 가지는 공통적인 거부감을 해소하도록 해야 한다. 각 고객이 개별적으로 가진 불가사의한 망설임의 이유를 모두 다루지 못하더라도 걱정하지 말자. 잠재 고객은 감정적으로 거부하고 있을 가능성이 큰데, 공통적인 거부감을 언급함으로써 그 감정에 초점을 맞출 수 있을 것이다. 거부감을 해소하도록 도움을 주면, 제품 구매에 대한 심리적인 부담을 덜어줄 수 있다.

⑤ **이메일 #5: 인식(패러다임) 전환**

인식 전환 이메일은 고객의 거부감을 해소할 수 있는 또 다른 방법이다. 많은 고객은 당신이 파는 것이 무엇이든 이미 그것을 사용해본 적이 있다고 느낀다. 편안한 요가복? 입어봤다. 유기농 청소제만 사용하는 청소 서비스? 이용해봤다. 고객이 당신의 제품이나 서비스를 이미 사용해봤는데 효과가 없었다고 느낀다면, 그건 끝이다. 그들은 당연히 주문하지 않을 것이다. 하지만 만약 다른 비슷한 제품들과 당신의 제품이 어떻게 다르며 고객이 사용해본 제품과는 실제로 완전히 다르다는 점을 설명할 수 있다면, 고객은 당신의 제품을 새로운 시각으로 살펴볼 가능성이 크다. 인식 전환은 "예전에는 그런 식으로 생각했지만, 이제는 이런 식으로 생각해야 한다"라고 말하는 것이다. 이는 고객들이 제품 구매를 다시 한번 고려해보도록 만드는 강력한 도구이다.

⑥ **이메일 #6: 판매 촉구 이메일**

여섯 번째 이메일에서는 구매 요청만 하라. 그렇다. 이런저런 설명을 덧붙이지 말고 그냥 구매 요청만 하자. 이 시점에는 고객이 제안을 받아들일지 아니면 거절할지에 대해서만 생각하게 하자. 이때가 바로 기간 한정 세일을 언급할 기회이다. 세일이 곧 종료되는가? 제품 구매와 함께 추가 증정품이 제공되는 이벤트가 곧 끝나는가? 이메일 추신P.S. 칸에 이러한 정보를 기재하면 큰 성공을 거둘 것이다.

판매 촉구 이메일 캠페인은 과학보다는 예술에 가깝다. 당신이 만들 수 있는 판매 촉구 이메일은 수백만 가지 종류가 있겠지만, 이 여섯 가지 이메일을 특히 1번부터 순서대로 보냈던 수천 명의 우리 클라이언트들은 매우 성공적인 효과를 거두었다.

# Marketing Made Simple 세일즈 퍼널을 실행하는 방법

*단계별 가이드*

세일즈 퍼널을 위한 다섯 가지 개별 도구(원라이너, 웹사이트, 리드 제너레이터, 고객 육성 이메일, 판매 촉구 이메일)를 다 갖추었다면, 이제는 이 도구들을 제대로 활용하여 효과를 극대화할 수 있는 실행 전략을 세워야 한다.

## 실행이 가장 중요하다

이 책을 읽는 많은 사람이 희망을 찾았다고 느낄 것이다. 당신도 그러리라 믿는다. 그러나 이런 희망은 실행이 수반되지 않으면 아무것도 이루어낼 수 없다.

내 친구 더그는 최근 아내에게 앞으로 집안일을 더 많이 도울 생각이라고 말했다. 그의 아내는 그를 슬쩍 쳐다보며 생각이 밥을 지어주지는 않는다고 대답했다. 더그는 아내가 말하려는 게 뭔지 이해했다. 생각만 하지 말고 실제로 실행을 하라는 것이다.

이 책의 서문에서 언급했던 J.J. 박사의 논문을 기억하는가? 논문에 따르면, 메시징 프레임워크는 어떤 비즈니스건 상관없이 기업의 성장에 기여하지만, 기업이 계획대로 실제로 실행하는 만큼만 기여한다.

실행 전략을 세우면 세일즈 퍼널이 반드시 실행되도록 하는 데 도움이 될 것이다.

## 여섯 번의 회의 일정을 지금 예약하라

세일즈 퍼널을 실행하기 위해서는 여섯 번의 회의가 필요하다. 이 회의에는 웹 디자이너, 카피라이터, 의사결정 권한을 가진 관리자, 그리고 이들을 도울 다른 팀원들이 참석해야 한다.

세일즈 퍼널을 발전시키고 실행하기 위한 일련의 회의 일정을 예약해 두어야 하는 이유는 목표 설정과 업무 분배를 명확히 하여 잘 짜인 실행 계획을 만들기 위해서이다. 모든 팀원은 자신의 역할과 업무를 명확히 이해하고 각자 맡은 업무에 따라 마감일을 정하게 될 것이다.

만약 당신이 혼자 세일즈 퍼널을 만들더라도, 이 회의 일정을 따르는 것이 좋다. 협업하고 있는 외주 업체가 있다면 얼마든지 회의에 초대하라. 그들이 프로젝트의 목표와 기대치를 더욱 잘 이해하게 하면서, 장기적으로 당신의 업무 시간이 절약될 것이다. 만약 스토리브랜드 가이드와 함께 일하고 있다면, 그는 회의 일정표를 미리 계획하는 것을 비롯하여 당신이 프로젝트 진행에 충분히 참여하고 기여할 수 있도록 도울 것이다.

다음은 예약해 두면 좋은 여섯 가지 회의이다.

- ⓥ 목표 설정 회의
- ⓥ 브랜드 각본 스크립트 및 원라이너 회의
- ⓥ 웹사이트 와이어 프레임 회의
- ⓥ 리드 제너레이터 및 이메일 연재 회의
- ⓥ 콘텐츠 개선 회의
- ⓥ 결과 분석 및 개선 회의

## ⓥ 회의 #1: 목표 설정 회의

첫 회의의 주요 목적은 어떤 세일즈 퍼널을 먼저 만들지 결정하는 것이다.

대답하기 쉬운 질문처럼 느껴질지 모르지만, 아마 생각보다 더 복잡할 것이다. 회사의 목표는 무엇인가? 회사는 지금 과도기에 있는가? 회사는 현재 순수하게 수익 증대를 목표로 하고 있는가, 아니면 특정 부문을 성장시키려 하고 있는가?

나는 마케팅 전략 컨설팅을 진행할 때, 세일즈 퍼널의 목적이 단순히 매출을 증가시키는 것인지 확인하는 것부터 시작한다.

만약 매출을 증가시키고 회사를 성장시키는 게 목표라면, 내가 할 일은 쉽다. 회사 경영진이 매출 증가를 통해 회사를 성장시키고 싶어 하는 경우에, 나의 두 번째 질문은 "현재 회사에서 가장 수익성이 높은 부문이나 제품은 무엇인가?"이다.

내가 이 질문을 하는 이유는 많은 경영진이 그들의 제품이나 서비스에 너무 밀착해 있다 보니 회사가 나아가야 할 방향을 제대로 보지 못하기 때문이다.

나는 사업이 어떤 식으로 운영되는지 이해하기 위해서, 오래된 배에 빗대어 생각해본다. 바람에 부풀어 올라 배를 앞으로 나아가게 하는 20개 이상의 돛들이 위아래로 겹친 모양의 커다란 배 말이다.

가장 수익성이 높은 부문이나 제품이 무엇이냐고 묻는다는 것은 어떤 돛이 배를 앞으로 나아가게 하는 데 가장 큰 역할을 하고 있는지 묻는 것이다. 나는 또한 수익성이 가장 낮은(또는 가장 성공적이지 않은) 제품이나 서비스가 무엇인지도 묻는다. 그리고 효과적이지 않은 것에 얼마나 많은 자금과 시간이 쓰이고 있는지 판단하기 위해서 몇 가지 추가로 질문한다.

## 어떤 제품을 판매할 것인가?

회사의 성장에 대한 나의 철학은, 배를 더 잘 나아가게 하려면 잘 부풀어 오르지 않는 돛의 크기는 줄이고 잘 부풀어 오르는, 영향력이 큰 돛은 키우는 것이다.

이는 비즈니스 리더 대부분의 접근방식과는 다르다. 회사를 성장시키기 위해서, 대부분은 이미 잘되고 있는 것들은 간과하고 다른 새로운 무언가를 성공시키려고 한다. 하지만 잘되고 있는 제품이 시장을 독점하는 상황이 아니라면, 가장 좋은 성공법은 이미 불이 붙은 장작에 기름을 붓는 것이다!

목표 설정 회의에서는 정확히 어떤 제품을 판매할 것인지 결정해야 한다.

무엇을 팔지 결정한 후에는 목표와 기대치를 설정해야 한다. 우리는 보통 세 가지 숫자를 설정함으로써 목표치를 설정한다. 첫 번째 숫자는 실제 목표치, 두 번째 숫자는 실패를 나타내는 상당히 낮은 숫자이다. 만약 실패라고 할 만큼 적은 수의 제품밖에 팔지 못했다면, 제품과 판매 촉구 캠페인을 분석하여 제품 자체에 문제가 있는지, 아니면 제품을 파는 방식이 문제인지 알아보아야 한다. 세 번째는 흥분되는 숫자로, 도전적으로 높은 목표치이다. 만약 이 세 번째 숫자, 도전적인 목표치에 도달한다면, 그야말로 제대로 하고 있다는 의미이다.

판매할 제품과 매출 목표를 결정하고 나면, 이제 제품에 관한 메시지를 명확하게 만드는 단계로 나아갈 수 있다.

## ☑ 회의 #2: 브랜드 각본 스크립트BrandScript Script 및 원라이너 회의

어떤 세일즈 퍼널을 만들지 결정한 후에는, 세일즈 퍼널에서 사용할 콘텐츠를 작성해야 한다.

콘텐츠에 관해 논의할 두 번째 회의에서는 브랜드 각본 스크립트와 원라이너를 작성하게 될 것이다. 만약 브랜드 각본을 잘 모르겠으면, MyBrandScript.com에서 제공한 무료 툴을 사용하면 된다. 이 간단한 툴을 이용하면 전체 세일즈 퍼널에 활용될 여러 가지 단어나 문구들을 쉽게 생각해낼 수 있을 것이다. 이는 업무량을 몇 시간 혹은 며칠씩 절약하게 해줄 뿐만 아니라, 세일즈 퍼널에 사용될 표현들이 고객의 관심을 끌수 있도록 보장해 줄 것이다.

브랜드 각본 스트립트 및 원라이너 회의는 대략 3~4시간 정도의 시간이 소요된다. 브랜드 각본을 작성한 다음, 이를 브랜드 각본 스크립트에 옮겨 적어보자. 아래에 앞서 설명 단락 예시로 보여줬던 것과 유사한 브랜드 각본 스크립트가 있다.

브랜드 각본 스크립트의 목적은 어떤 종류의 이야기 속으로 사람들을 초대하고 있는지 정확하게 이해하기 위함이다. 일단 스토리를 정하고 나면, 그 스토리의 각본에 충실해지자. 일관된 내적, 외적, 그리고 철학적 문제를 끊임없이 제기하라. 문제가 해결되면 사람들의 삶이 어떻게 향상될지 계속 이야기하자. 지속해서 당신을 가이드로 포지셔닝하라. 어떤 경우에도 기본 각본에서 벗어나지 않도록 하자. 그렇지 않으면 이야기가 혼란스러워질 것이다.

다음은 두 번째 미팅을 위한 브랜드 각본 스크립트이다. 새로운 와이어 프레임은 본 도서 뒤편에 첨부하였다.

_____[회사명]는/은 당신이 _____[동경하는 정체성] 처럼 되고 싶어 한다는 것을 잘 알고 있습니다. 그렇게 되기 위해서, 당신은 _____[고객이 원하는 것]이 필요합니다. 문제는 _____[외부 문제]이며, 그로 인해 당신은 _____ [내부 문제]라고 느끼고 있을 것입니다. 저희는 _____[철학적 문제/표현]라고 믿습니다. 저희는 _____[공감]를/을 이해합니다. 그것이 바로 저희가 _____[권위]는 이유입니다. 이 제품/서비스는 다음과 같은 절차를 통해 이용하실 수 있습니다. _____ ___[계획: 1단계, 2단계, 3단계]. 그러므로 _____[행동 촉구] 하면, 더는 _____[실패]를/을 겪지 않고 _____[성공]할 수 있습니다.

대본을 완성한 후에는 말이 매끄럽게 연결되고 자연스럽게 들리는지 소리 내어 읽어보자.

글로 적었을 때는 괜찮아 보이는 표현들이 소리 내어 읽어보면 어색한 경우가 종종 있다. 스크립트가 자연스럽게 들리도록 문구를 조금씩 바꾸어가며 수정하라.

이 브랜드 각본 스크립트는 나머지 다른 콘텐츠를 만들 때 기준으로 활용될 수 있다.


## 회의 #2 파트 2: 원라이너 만들기

원라이너는 간단하게 말하면 브랜드 각본 스크립트의 짧은 버전이다. 브랜드 각본 스크립트를 바탕으로 원라이너를 만들면 그 과정이 한결 쉬울 것이다.

어떤 문제에 집중할 것인가? 고객은 어떤 결과를 경험하게 되는가?

시간을 충분히 들여 자연스럽고 반복해서 떠올리기 쉽게 원라이너를 작성하자.

아래의 네 가지 질문을 통해 원라이너가 스토리브랜드 테스트를 통과하는지 확인해보자.


- ⓥ 소리 내어 읽을 때도 자연스럽게 들리는가?
- ⓥ 원라이너가 조금 더 대화체처럼 들리도록 바꿀 만한 부분이 있는가?
- ⓥ 회사 직원들과 고객들이 기억하기 쉬운가?
- ⓥ 모든 부분이 간단하면서 누구도 "그게 무슨 의미입니까?"라고 되물을 필요가 없을 만큼 충분한 정보를 제공하는가?


원라이너는 캠페인의 모든 부분에서 사용될 수 있다. 원라이너는 모든 고객 육성 및 판매 촉구 이메일 캠페인을 진행할 때 이메일 서명란에 넣어서 활용할 수 있다. 또한, 웹사이트나 랜딩 페이지, 브로슈어, SNS나 유튜브 채널 소개 글 등에도 쓰일 수 있다.

그뿐만 아니라 원라이너는 캠페인 전체를 이끄는 핵심적인 개념이기도 하다. 만약 작성한 것 중에서 원라이너와 부합하지 않는 것이 있다면 당장 바꾸자. 스토리가 일관되지 않으면 고객들이 혼란스러워할 것이기 때문이다.

회의 #2를 마무리하기 전에 마지막으로 해야 할 일은 각 과제를 누가 맡을 것이며 마감일은 언제인지 결정하는 것이다.

다음은 회의 #2의 예시 안건이다.

---

1. 회의 오프닝
   A. 회의에 참석한 사람들을 소개하고 각자가 맡은 분야와 역할의 중요성을 강조하라.
   B. 회의의 목적을 알려라: 회사가 하고자 하는 일에 관한 분명한 메시지를 전달함으로써 참석자 모두가 잘 이해할 수 있도록 하자.
   C. 브랜드 각본 스크립트와 원라이너의 개념을 소개하라.

2. 브랜드 각본 스크립트 작성
   A. 소개와 목적
   B. 그룹 브레인스토밍
   C. 결정

3. 원라이너 작성
   A. 소개와 목적

---

    B. 그룹 브레인스토밍

    C. 결정


  4. 업무 배정 및 마감일 지정


  5. 다음 회의는 웹사이트 와이어 프레임에 관한 것임을 참석자들에게
     상기시켜라.


## ☑️ 회의 #3: 웹사이트 와이어 프레임 회의

  세 번째 회의를 시작하는 느낌은 사뭇 다를 것이다. 팀원들은 활기가
넘치고 향상된 업무 집중도를 보이며, 이 캠페인의 빠른 성공 가능성에
들떠 있을 것이다. 또한, 캠페인이 점점 체계가 잡혀가고 제대로 진행되
고 있다고 느껴지면서, 팀의 분위기는 더욱 고조될 것이다.

  세 번째 회의의 목적은 웹사이트 및 랜딩 페이지의 와이어 프레임을
만드는 것이다.

  와이어 프레임 작업의 장점은 전체적인 홍보 내용을 머릿속에 각인시
키는 기회가 된다는 것이다.

  웹사이트에는 전달하고자 하는 거의 모든 요점이 포함되어야 하고, 잠
재 고객들이 명확하게 이해할 수 있도록 이러한 요점들을 잘 배치해야
한다. 하지만 중요한 것은, 이 과정에서 팀원들이 제품에 관심을 보이기
시작할 것이라는 점이다. 회의를 진행하면서 팀원들이 하나둘씩 "오, 이
거 제가 사야겠어요. 제품이 정말 좋아 보여요!"라고 말하기 시작해도 놀
랄 것 없다.

나 역시 내가 진행했던 수많은 마케팅 전략 컨설팅에서 개인적으로 전혀 관심 없던 제품임에도 불구하고 와이어 프레임 작업이 끝나갈 때쯤이 되자 그 제품이 사고 싶어졌던 적이 한두 번이 아니다!

## 웹사이트 및 랜딩 페이지의 와이어 프레임 만들기

이 회의에서는 웹사이트나 랜딩 페이지의 와이어 프레임을 만드는 것에만 집중하고, 다른 안건은 다루지 않도록 한다. 와이어 프레임 구성이 끝나면 회의를 끝마치도록 하자. 여기서 와이어 프레임에 집중해야 하는 이유는, 웹사이트가 향후 제품 판매에 있어 가장 중요한 도구가 될 것이기 때문이다. 물론 이메일 캠페인도 중요하지만, 모든 이메일은 결국 고객들을 웹사이트로 안내한다. 그러니 다른 것보다 웹사이트를 제대로 구상하는 것에 집중하자.

디자인팀이 최종적으로 색상, 이미지, 그리고 사이트의 전반적인 느낌을 구성하는 데 도움을 줄 테니, 이 미팅에서는 필요한 문구들과 기본 레이아웃을 완성하면 된다.

나는 보통 화이트보드 위에 웹사이트 와이어 프레임을 직접 작성하고, 회의실에 있는 모든 참석자에게 최종 결과물을 종이에 각자 적어보라고 요청한다. 왜 한 사람이 기록하는 대신 모든 팀원에게 이를 적어보도록 하는지 궁금한가? 왜냐하면, 모든 팀원이 문구들을 직접 손으로 적어봄으로써, 팀 전체가 이를 확실히 이해하게 하는 데 도움이 되기 때문이다.

먼저 전반적인 진행 과정을 설명하고 나서, 헤더부터 시작해 실패, 가치 제안 등의 순서로 차례차례 진행하면 된다.

웹사이트 와이어 프레임을 다룬 Chapter 5에서도 언급했듯이, 이 책에서 제안하는 순서를 무조건 그대로 따를 필요는 없다. 하지만 이 순서 그대로 구성하는 것도 괜찮다. 이리저리 순서를 바꾸어 보는 것은 자유지만, 우리가 제안한 것을 너무 창의적으로 해석하는 것은 조심할 필요가 있다. '창의성'은 종종 '혼란스러움'으로 받아들여질 수 있다.

Chapter 5에서 살펴본 랜딩 페이지의 각 섹션이 기억나는가? 이 회의에서는 그 섹션들을 사용하여 웹사이트의 와이어 프레임을 만들어 볼 것이다.

- ⓥ 헤더The Header
- ⓥ 가치 제안The Value Proposition
- ⓥ 계획The Plan
- ⓥ 동영상(선택 사항)The Video
- ⓥ 정리 서랍Junk Drawer

- ⓥ 실패The Stakes
- ⓥ 가이드The Guide
- ⓥ 설명 단락The Explanatory Paragraph
- ⓥ 가격 선택(선택 사항)Price Choices

이 책에 있는 웹사이트 와이어 프레임 만들기에 관한 Chapter를 안내서로 마음껏 활용하자.

그리고 브랜드 각본 스크립트와 원라이너를 참고하여 랜딩 페이지 전체의 표현이 일관되도록 해야 한다.

궁극적으로 이 세 번째 회의는 아주 재미있어야 한다. 긍정적인 에너지를 가지고 회의에 들어가고, 나올 때는 더 많은 에너지를 얻어서 나오도록 하자.

다음은 이 회의를 간단명료하고 쉽게 진행하기 위한 예시 안건이다.

1. 회의 오프닝

  A. 필요하다면 회의 참가자들을 소개하고 각자가 맡은 분야와
     그들의 역할을 설명하라.

  B. 회의의 목적을 알려라: 웹사이트 홈페이지의 모든 섹션과 함께
     완전한 웹사이트 와이어 프레임을 만드는 것.

  C. 오늘 논의할 웹사이트의 섹션들을 소개하라.


2. 브랜드 각본 스크립트와 원라이너를 검토하고, 가능하면 웹사이
   트를 같은 테마로 유지해야 한다는 것을 설명하라.


3. 웹사이트 와이어 프레임 작성

  A. 헤더

     i. 다음 질문에 대한 답이 있는가: 무엇을 제공하는가? 그것이
        고객의 삶을 어떻게 더 좋게 만드는가? 어디서 구매할 수
        있는가? 어떻게 구매할 수 있는가?

     ii. 사용하고자 하는 이미지들이 세일즈 피치를 뒷받침하는가,
         아니면 오히려 당신이 무엇을 판매하는지 고객들을 혼란
         스럽게 하는가?

  B. 실패

     i. 당신의 제품이나 서비스를 구매하지 않는 고객의 삶은 어떤
        모습인가?

     ii. 고객이 겪고 있는 어떤 부정적인 경험을 당신이 해결해 줄
         수 있는가?

  C. 가치 제안

     i. 고객이 당신의 제품을 구매한다면 어떤 긍정적인 결과를
        얻을 수 있을까?

     ii. 고객이 당신의 제품이나 서비스를 구매하는 경우 고객의 삶

은 어떻게 달라지는가?

  D. 가이드

    i. 공감: 고객의 문제에 대한 관심, 우려 또는 이해를 담고 있는 어떤 공감적인 표현을 사용할 수 있는가?

    ii. 권위: 당신에게 문제를 해결할 수 있는 능력이 있다는 것을 어떻게 고객에게 확신시켜줄 수 있는가?

    iii. 추천 후기

    iv. 기타: 회사 로고, 통계

  E. 계획

    i. 세 가지 혹은 네 가지 단계: 고객이 제품을 구매하기 전 또는 후에 어떤 경로를 거쳐야 하는가?

    ii. 각 단계의 이점은 무엇인가?

  F. 설명 단락

    i. 이 섹션을 단순하고 명확하며 쉽게 만들려면, 원라이너와 함께 브랜드 각본 스크립트를 활용하라.

  G. 동영상(선택 사항)

    i. 동영상 선정

    ii. 동영상 제목 선정

  H. 가격 선택(선택 사항)

    i. 제품의 가격을 어떻게 시각적으로 표시할 것인가?

  I. 정리 서랍

4. 업무 배정 및 마감일 지정

5. 이메일 캠페인을 주제로 논의할 다음 회의 일정을 정하거나 미리 정한 일정을 상기시키자.

## ☑️ 회의 #4: 리드 제너레이터 및 이메일 연재 회의

네 번째 회의에서는 기존의 참석자 모두 참석할 필요가 없을 수도 있다. 이 회의에서 논의할 업무는 대부분 카피라이터가 해야 할 일이기 때문이다. 그러나 사진작가, 디자이너, 그리고 이메일 마케팅 플랫폼 담당자 역시 관련 정보를 알아야 한다.

네 번째 회의의 목적은 리드 제너레이터와 고객 육성 및 판매 촉구 이메일 캠페인에 어떤 문구와 표현을 담을지 결정하는 것이다.

이 모든 것을 한꺼번에 같이 논의하는 이유는 여기에 사용되는 표현들이 비슷하기 때문이다.

이 회의에서는 첫 번째 리드 제너레이터의 제목, 리드 제너레이터의 기본 콘텐츠 개요, 고객 육성 이메일 목록, 그리고 판매 촉구 이메일 주제 및 종류 등을 논의하여 결정하라. 그리고 이를 바탕으로 최종 마무리 작업을 카피라이터에게 요청하자.

회의에서 나온 리드 제너레이터 혹은 고객 육성 이메일 아이디어들을 잘 기록해두자. 리드 제너레이터로 채택되지 않는 아이디어들은 나중에 고객 육성 이메일 콘텐츠로 사용할 수 있기 때문이다.

이 회의의 첫 번째 목표는 리드 제너레이터를 결정하는 것이다. 이 논의가 너무 길어지지 않도록 하라. 여기서 중요한 것은 괜찮은 아이디어를 찾아 합의를 이루면 빠르게 콘텐츠의 개요를 작성하고, 카피라이터가 실제 글쓰기 작업을 할 수 있도록 업무를 배정한 뒤, 다음 단계로 넘어가는 것이다.

두 번째 과제는 판매 촉구 이메일 시리즈 혹은 고객 육성 이메일 시리즈를 작성하는 것이다.

나는 판매 촉구 이메일 시리즈의 개요를 먼저 작성할 것을 추천하는 데, 물론 이후에 적어도 6~7개의 고객 육성 이메일을 보내야 한다는 사실을 염두에 두도록 하자. 그래야 잠재 고객들에게 단지 판매 시도만 하고 연락을 끊는다고 느끼게 하지 않을 수 있다.

만약 단지 8개 또는 10개 정도밖에 이메일을 작성할 여력이 없다면, 먼저 좋은 고객 육성 이메일 시리즈를 만든 후에 리드 제너레이터와 고객 육성 이메일들 사이에 추가할 만한 판매 촉구 이메일 시리즈를 만드는 것이 좋다.

완벽한 캠페인은 훌륭한 리드 제너레이터, 뒤이어 판매 촉구 이메일 시리즈, 그리고 매우 오랜 시간을 들여야 하는 고객 육성 이메일 시리즈의 순서대로 구성된다. 이 회의에서 이 모든 것을 다 만들지는 못하더라도, 전체 캠페인의 개요는 완성할 수 있도록 하자.

이 회의에서 당신이 혹시 저지를 수도 있는 유일한 실수는, 팀원들이 업무를 진행하도록 할 확실한 최종 결정을 내리지 않은 채 회의를 마무리하는 것이다. 이 회의를 통해서 잠재 고객들의 이메일 주소를 모을 수 있는 리드 제너레이터와 고객과의 신뢰를 쌓고 제품 판매로 이어질 수 있는 이메일들의 기본적인 틀을 결정해야만 한다.

만약 시간이 허락된다면, 이메일 몇 개를 같이 써볼 수도 있을 것이다. 그리고 여기에서 제안된 모든 아이디어는 전체 캠페인을 담당하는 전담 카피라이터에게 최종 편집을 할 수 있도록 넘겨주자.

또한, 리드 제너레이터와 이메일에 사용될 이미지에 관해 논의하기 위해서는 그래픽 디자이너도 이 회의에 참석해야 한다.

1. 회의 오프닝
   A. 필요하면 회의 참가자들을 소개하고 캠페인과 관련하여 그들의 역할이 무엇인지 설명하라.
   B. 회의의 목적을 알려라: 리드 제너레이터 결정, 리드 제너레이터를 위한 콘텐츠 작성 및 여러 가지 이메일 캠페인 개요 작성.
   C. 리드 제너레이터, 고객 육성 이메일 및 판매 촉구 이메일 개념을 소개하라.

2. 콘텐츠의 일관성 유지를 위해 브랜드 각본 스크립트와 원라이너 리뷰

3. 리드 제너레이터
   A. 리드 제너레이터 관련 아이디어 브레인스토밍
   B. 첫 번째 리드 제너레이터 주제 결정
   C. 콘텐츠에 대한 개요 작성
   D. 채택되지 않은 다른 리드 제너레이터 아이디어들을 추후 고객 육성 이메일에 활용할 수 있도록 기록하라.

4. 고객 육성 이메일
   A. 작성 가능한 이메일 종류에 관해 브레인스토밍
      i. 주간 소식 공유
      ii. 매주 유용한 팁 공유
      iii. 주간 업데이트 공유
   B. 이메일 종류를 결정하고 이메일 제목과 주요 내용을 간략히 정리하라. 이는 카피라이터의 작업을 훨씬 수월하게 만들 것이다.

5. 판매 촉구 이메일(타입별로 주요 내용 정리)

A. 가치 제공 이메일 제목

B. 문제 + 해결책 이메일 제목

C. 고객 후기 이메일 제목

D. 거부감 해소 이메일 제목

E. 인식 전환 이메일 제목

F. 판매 촉구 이메일 제목

6. 업무 배정 및 마감일 지정

7. 다음 회의 일정을 논의하라. 다음 회의에서는 콘텐츠를 다듬을 것이다.

## ☑ 회의 #5: 콘텐츠 개선 회의

다섯 번째 회의에서는, 마침내 전체 캠페인의 내용물이 하나로 통합된다.

나는 원라이너부터 시작해서 이메일에 이르기까지 관련된 모든 것의 디자인 사본을 종이에 인쇄할 것을 추천한다.

포스트잇과 테이프를 사용하여 프린트한 종이들을 벽에 붙여서 캠페인 전체를 시각적으로 확인할 수 있도록 하자.

왜 직접 종이에 프린트하라는 것일까? 이러한 캠페인 내용물을 컴퓨터 화면으로만 검토하면, 전체를 한눈에 보기 어렵기 때문이다.

회의 중에 많은 시간을 낭비하지 않도록, 팀원 중 한 사람에게 부탁하여 미리 프린트물을 벽에 붙여두도록 하자. 그리고 이메일 내용들은 한꺼번에 읽어볼 수 있도록 모두 프린트하여 팀원들에게 나눠주자.

이 회의를 영화나 드라마의 대본 리딩과 비슷하다고 생각해보자. 영화나 드라마를 찍기 전에 배우와 감독들은 함께 테이블에 둘러앉아 대본을 읽는다. 이 대본 리딩 과정에서 대본의 하이라이트들과 결점들이 드러난다. 우리가 제안한 대로 해보면, 당신은 캠페인이 얼마나 잘 만들어졌는지, 그리고 얼마나 많은 부분이 실수로 누락되었는지 깨닫고 놀랄 것이다.

나의 경우, 한번은 이런 회의를 통해서 우리가 고객의 문제에 관해 거의 언급하지 않고 있다는 사실을 깨달았다. 얼마나 큰 실수인가!

우리는 고객의 문제를 정의하는 문구를 작성함으로써 실수를 바로잡았고, 이 문구를 모든 이메일에 삽입하였다.

이러한 과정은 매우 중요하므로 여러 색깔의 형광펜으로 표시하면서 좋은 스토리의 모든 요소가 잘 포함되었는지 확인할 것을 권장한다. 녹색 형광펜으로 고객이 얻을 모든 이점을 강조하고, 빨간색 형광펜으로 고객이 겪고 있는 모든 문제와 역경을 강조할 수 있을 것이다.

이렇게 전체 캠페인을 색깔로 섹션을 구분하여 시각적으로 살펴보면, 캠페인이 어떻게 진행되고 실행되는지 쉽게 확인할 수 있다.

이 회의를 끝내기 전에, 캠페인 각 파트의 일정을 모두 결정하는 것이 좋다.

새 웹사이트는 언제 출시할 계획인가? 얼마나 자주 이메일을 보낼 예정인가? 어떤 이메일 캠페인을 먼저 진행할 것인가?

다음은 다섯 번째 회의에서 사용할 만한 예시 안건이다.

> 1. 회의 오프닝
>    A. 회의의 목적을 알려라: 캠페인 출시를 위한 모든 관련 콘텐츠 검토 및 진행 일정 확정.
> 2. 원라이너 검토 및 편집
> 3. 웹사이트 검토 및 편집
> 4. 리드 제너레이터 검토 및 편집
> 5. 고객 육성 이메일 검토 및 편집
> 6. 판매 촉구 이메일 검토 및 편집
> 7. 캠페인 시작 날짜 결정
> 8. 업무 배정 및 마감일 지정
> 9. 캠페인 검토, 수정 및 개선을 위한 회의 일정을 캠페인 출시 약 한 달 뒤로 잡자.

## ☑ 회의 #6: 결과 분석 및 개선 회의

완성된 세일즈 퍼널의 각 부분이 제대로 작동하며 효과적인 결과를 보이는지 확인하는 것은 중요하다. 이는 당연하게 들리겠지만, 실제로 캠페인을 출시한 후 효과가 있든 없든 그냥 내버려 두는 경우가 빈번하다. 이런 실수를 해서는 안 된다. 심지어 좋은 결과를 내고 있더라도, 더 개선할 만한 부분이 있다면 개선해야 한다.

캠페인의 어떤 부분이 효과적이고 어떤 부분이 효과적이지 않은가? 어떤 부분이 바뀔 수 있으며 바뀌어야만 하는가? 누가 이를 바꿀 것인가?

다음과 같은 질문들을 확인해볼 수 있다.

ⓥ 어떤 이메일이 다른 이메일들보다 더 높은 효과를 보이는가?

ⓥ 어떤 이메일에서 좋은 효과를 보인 부분을 추신P.S.으로 추가하거나 유사한 표현을 사용함으로써 다른 이메일에도 활용할 수 있는가?

ⓥ 고객들이 관심을 보인 것은 어떤 것들인가?

ⓥ 고객들이 전혀 관심을 보이지 않는 것은 어떤 것들인가?

ⓥ 행동 촉구가 충분히 강력한가?

ⓥ 캠페인에서 가장 혼란스러운 부분은 무엇이며, 그것은 어떻게 개선될 수 있는가?

만약 결과 데이터가 있다면 그 데이터를 검토하라. 어떤 이메일을 고객들이 열어보았는가? 랜딩 페이지를 방문한 사람 중 몇 퍼센트가 실제로 구매했는가? 각 이메일을 열어본 비율은 얼마인가? (효과가 낮은 이메일은 완전히 새로운 이메일로 대체하는 것이 좋다.)

이번 회의의 목적은 다듬고, 다듬고, 또 다듬는 것이다.

다음은 여섯 번째 회의의 예시 안건이다.

---

1. 회의의 목적은 특정 캠페인의 결과를 분석하고 개선하는 것이라고 설명하라.
2. 캠페인에 사용되고 있는 이메일들을 프린트하여 나누어주라.
3. 데이터를 검토하라. 무엇이 효과가 있었고 무엇이 효과가 없었는가?
4. 효과가 없는 것은 수정, 편집 또는 교체하라.
5. 효과가 있었던 것이 무엇인지 논의하고, 이것을 웹사이트나 다른 이메일에도 적용할 수 있는지 논의하라.
6. 캠페인 실행을 맡은 담당자에게 수정 작업을 요청하라.

---

만약 이 여섯 번의 회의를 실제로 진행한다면, 매우 긍정적인 결과를 확인할 수 있을 것이다. 스토리브랜드 가이드와 함께 일했던 회사 대부분은 이 단순하지만 명확한 캠페인이 그들의 사업을 얼마나 크게 성장시키는지 확인하고 매우 감탄하곤 하였다.

세일즈 퍼널을 만드는 작업에는 창의성과 큰 노력이 필요하지만, 어렵지는 않다. 사실, 오히려 재밌을 것이다.

몇 년 전부터 나는 취미로 플라이 낚시를 시작하였다. 주로 친구들과 어울리기 위해 낚시를 하러 가는데, 실제로 낚시를 잘하지는 못하지만 낚시하러 강가에 가는 것을 좋아한다.

낚시할 때마다, 마케팅을 떠올리지 않을 수가 없다. 낚시하는 사람들은 항상 물고기가 어디서 먹이를 먹는지, 어떤 먹이를 주로 먹는지 묻는다.

당신이 여섯 번의 회의를 하는 동안 항상 이와 같은 물음에 궁금해하며 접근한다면, 당신은 아주 잘해낼 것이다.

# 끝맺음

    당신의 사업을 성장시킬 세일즈 퍼널을 구축한 현재로부터 약 1년 후를 한번 상상해보자. 당신의 인생은 어떻게 달라져 있을까? 당신의 매출은 어떻게 달라져 있을까? 그 매출로 인해 당신은 무엇을 더 추진할 수 있게 될까?

    우리가 이 책에서 소개한 마케팅 계획을 따른다면, 당신은 성공적인 결과를 누릴 수 있을 것이다.

    빠르게 변해가는 온택트 시대에서 고객과의 온라인 소통은 점점 더 중요해지고 있다. 따라서 이 책에서 소개한 고객과 관계 맺는 방법은 매우 다양하고 강력하게 활용될 수 있다. 예로, SNS나 동영상 채널을 통한 소통, 웨비나 개최, 제품 출시 라이브 스트리밍 등은 이 책에서 설명한 리드 제너레이터의 하나로 사용될 수 있을 것이다.

    이 책에서는 전통적인 마케팅 방법부터 최근 주목받는 온택트 마케팅 방법까지 어떤 마케팅 방법을 실행하든 반드시 제일 먼저 구축해야 하는 아주 기본적인 마케팅 계획의 토대를 위주로 소개했다. 이는 한번 따라 해보면, 누구나 성공적으로 실행 가능한 '초간단 마케팅 방법<sub>Marketing Made Simple</sub>'이다. 분명히 이 책을 읽고 그대로 실행한 당신에게도 좋은 결과를 안겨줄 것이다.

## 저자 소개

### 도널드 밀러Donald Miller

도널드 밀러는 비즈니스 메이드 심플Business Made Simple의 CEO이자, 스토리브랜드StoryBrand 마케팅 프레임워크의 창시자이다. 수만 개가 넘는 기업들이 마케팅 메시지를 확립하기 위해 그의 프레임워크를 이용했다. 도널드는 BusinessMadeSimple.com을 통해 매일 10만 명 이상의 기업 지도자들에게 비즈니스 팁을 담은 이메일을 보내고 있다.

### J.J. 피터슨J.J. Peterson

J.J. 피터슨 박사는 스토리브랜드의 교육 책임자 및 조력자로 활동하고 있으며, 도널드 밀러와 함께 〈빌딩 어 스토리브랜드Building a StoryBrand〉라는 인기 팟캐스트를 진행하고 있다. J.J.는 커뮤니케이션 분야의 박사로서, 스토리브랜드에 합류하기 전에는 20년 동안 연예 산업계와 대학교에서 커뮤니케이션을 가르쳤다.

## 역자 소개

### 김혜진Jenny Kim

연세대학교에서 영어영문학과 경영학을 이중 전공으로 졸업한 후, LG생활건강에서 수년간 각종 브랜드 마케팅 업무를 수행하였다. 그리고 국제적인 환경에서 일하고자 캐나다 토론토에서 MBA를 수료하였다. 이후 토론토에서 바비 인형Barbie Doll, 피셔프라이스Fisher-price, 핫휠Hot Wheel 브랜드로 잘 알려진 미국 기업 마텔Mattel에서 브랜드 매니저로 근무하다가 현재는 캐나다 삼성전자에서 스마트워치 및 갤럭시 스마트폰 브랜딩 업무를 담당하고 있다. 국내 및 해외에서 수년간 최신 트렌드 마케팅을 실전에서 활용해온 마케팅 전문가로서의 경험과 연륜을 바탕으로, 저자의 의도를 살려 번역하였다.

# MARKETING
## MADE
### 온택트 마케팅
## SIMPLE

부록

# 와이어 프레임 &
# 프레임워크

## 원라이너**One-liner**

당신이 생각한 원라이너를 아래에 적어봅시다.

## 웹사이트 와이어 프레임**Website Wireframe**

아래 각 섹션에 해당하는 것을 당신의 웹사이트에 맞게 적고 배치합시다.

### 헤더**Header**

## 실패Stakes

## 가치 제안Value Proposition

## 가이드Guide

## 계획Plan

| STEP 1 | STEP 2 | STEP 3 |
| --- | --- | --- |
|  |  |  |

## 설명 단락Explanatory Paragraph

## 동영상Video

## 가격 선택Price Choice

## 정리 서랍Junk Drawer

## 리드 제너레이터Lead Generator

리드 제너레이터에 관한 아이디어를 아래에 적어봅시다.

흥미를 유발하는 제목

## 고객 육성 캠페인Nurture Campaign

고객 육성 캠페인에 관한 아이디어를 아래에 적어봅시다.

## 판매 촉구 캠페인Sales Campaign

이메일로 보낼 판매 촉구 캠페인을 아래에 적어봅시다.

## EMAIL #1 - 가치 제공Deliver the Asset

제목

---------------------------------------------------------

_____

_____

_____

_____

_____

_____

_____

_____

_____

_____

_____

_____

_____

_____

_____

## EMAIL #2 – 문제Problem ✚ 해결책Solution

제목

- - - - - - - - - - - - - - - - - - - - - - - - - - - - - - - - - - - - - - - - - - - - -

## EMAIL #3 – 고객 후기Testimonial

제목

- - - - - - - - - - - - - - - - - - - - - - - - - - - - - - - - - - - - - - - - - - - - - - - - - - - - - -

# EMAIL #4 - 거부감 해소 Overcome an Objection

제목

- - - - - - - - - - - - - - - - - - - - - - - - - - - - - - - - - - - - - - - - - - - - - - - - - - - - - - - - - - -

## EMAIL #5 - 인식 전환 Paradigm Shift

제목

------------------------------------------------------------

## EMAIL #6 – 판매 촉구 이메일Sales Email

제목

-------------------------------------------------------------

# 브랜드 각본 스크립와 설명 단락 작성
**BrandScript Script/Explanatory Paragraph**

_____[회사명]는/은 당신이 _____

_____[정체성 변경]처럼 되고 싶어 한다는 것을 잘 알

고 있습니다. 그렇게 되려면, 당신은 _____

[고객이 원하는 것]이/가 필요합니다. 문제는 _____

[외부 문제]이며, 그로 인해 당신은 _____

[내부 문제]라고 느끼고 있을 것입니다. 저희는 _____

[철학적 문제/표현]라고 믿습니다. 저희는 _____

[공감]를/을 이해합니다. 그것이 바로 저희가 _____

[권위]는 이유입니다.

이 제품/서비스는 다음과 같은 절차를 통해 이용하실 수 있습니다.

1. _____     2. _____

3. _____[계획: 1단계, 2단계, 3단계].

그러므로 _____[직접적 행동 촉구]

하세요. 그리고 그러는 동안 _____

[전환적 행동 촉구]하세요. 그렇게 하면 당신은 _____

[실패]를/을 겪지 않고 _____[성공]할

수 있습니다.

# 회의 안건 Meeting Agendas

회의 진행 시 각 상황을 직접 표시하며 진행해봅시다.

## 브랜드 각본 스크립트 및 원라이너 회의

1. 회의 오프닝

   A. 회의에 참석한 사람들을 소개하고 각자가 맡은 분야와 역할의 중요성을 강조하라.

   B. 회의의 목적을 알려라: 회사가 하고자 하는 일에 관한 분명한 메시지를 전달함으로써 참석자 모두가 잘 이해할 수 있도록 하자.

   C. 브랜드 각본 스크립트와 원라이너의 개념을 소개하라.

2. 브랜드 각본 스크립트 작성

   A. 소개와 목적

   B. 그룹 브레인스토밍

   C. 결정

3. 원라이너 작성

   A. 소개와 목적

   B. 그룹 브레인스토밍

   C. 결정

4. 업무 배정 및 마감 일시 지정

5. 다음 회의는 웹사이트 와이어 프레임에 관한 것임을 참석자들에게 상기시켜라.

## 웹사이트 와이어 프레임 회의

1. 회의 오프닝

   A. 필요하다면 회의 참가자들을 소개하고 각자가 맡은 분야와 그들의 역할을 설명하라.

   B. 회의의 목적을 알려라: 웹사이트 홈페이지의 모든 섹션과 함께 완전한 웹사이트 와이어 프레임을 만드는 것.

   C. 오늘 논의할 웹사이트의 섹션들을 소개하라.

2. 브랜드 각본 스크립트와 원라이너를 검토하고, 웹사이트도 가능한 한 같은 테마를 유지해야 한다는 것을 설명하라.

3. 웹사이트 복사본 생성

   A. 헤더

     i. 다음 질문에 대한 답이 있는가: 무엇을 제공하는가? 그것이 고객의 삶을 어떻게 더 좋게 만드는가? 어디서 구매할 수 있는가? 어떻게 구매할 수 있는가?

     ii. 사용하고자 하는 이미지들이 세일즈 피치를 뒷받침하는가, 아니면 오히려 당신이 무엇을 판매하는지 고객들을 혼란스럽게 하는가?

   B. 실패

     i. 당신의 제품이나 서비스를 구매하지 않는 고객의 삶은 어떤 모습인가?

     ii. 고객이 겪고 있는 어떤 부정적인 경험을 당신이 해결해 줄 수 있는가?

   C. 가치 제안

     i. 고객이 당신의 제품을 구매한다면 어떤 긍정적인 결과를

얻을 수 있을까?

    ii. 고객이 당신의 제품이나 서비스를 구매하는 경우 고객의
삶은 어떻게 달라지는가?

D. 가이드

    i. 공감: 고객의 문제에 대한 관심, 우려 또는 이해를 담고 있는
어떤 공감적인 표현을 사용할 수 있는가?

    ii. 권위: 당신에게 문제를 해결할 수 있는 능력이 있다는 것을
어떻게 고객에게 확신시켜줄 수 있는가?

    iii. 추천 후기

    iv. 기타: 회사 로고, 통계

E. 계획

    i. 세 가지 혹은 네 가지 단계: 고객이 제품을 구매하기 전 또는
후에 어떤 경로를 거쳐야 하는가?

    ii. 각 단계의 이점은 무엇인가?

F. 설명 단락

    i. 이 섹션을 단순하고 명확하며 쉽게 만들려면, 원라이너와
함께 브랜드 각본 스크립트를 활용하라.

G. 동영상(선택 사항)

    i. 동영상 선정

    ii. 동영상 제목 선정

H. 가격 선택(선택 사항)

    i. 제품의 가격을 어떻게 시각적으로 표시할 것인가?

I. 정리 서랍

4. 업무 배정 및 마감일 지정

5. 이메일 캠페인을 주제로 논의할 다음 회의 일정을 정하거나 미리 정한 일정을 상기시키자.

## 리드 제너레이터 및 이메일 연재 회의

1. 회의 오프닝
   A. 필요하면 회의 참가자들을 소개하고 캠페인과 관련하여 그들의 역할이 무엇인지 설명하라.
   B. 회의의 목적을 알려라: 리드 제너레이터 결정, 리드 제너레이터를 위한 콘텐츠 작성 및 여러 가지 이메일 캠페인 개요 작성.
   C. 리드 제너레이터, 고객 육성 이메일 및 판매 촉구 이메일 개념을 소개하라.

2. 콘텐츠의 일관성 유지를 위해 브랜드 각본 스크립트와 원라이너 리뷰

3. 리드 제너레이터
   A. 리드 제너레이터 관련 아이디어 브레인스토밍
   B. 첫 번째 리드 제너레이터 주제 결정
   C. 콘텐츠에 대한 개요 작성
   D. 채택되지 않은 다른 리드 제너레이터 아이디어들을 추후 고객 육성 이메일에 활용할 수 있도록 기록하라.

4. 고객 육성 이메일

A. 작성 가능한 이메일 종류에 관해 브레인스토밍

    i. 주간 소식 공유

    ii. 매주 유용한 팁 공유

    iii. 주간 업데이트 공유

B. 이메일 종류를 결정하고 이메일 제목과 주요 내용을 간략히 정리하라. 이는 카피라이터의 작업을 훨씬 수월하게 만들 것이다.

5. 판매 촉구 이메일(타입별로 주요 내용 정리)

  A. '가치 제공' 이메일 제목

  B. '문제 + 해결책' 이메일 제목

  C. '고객 후기' 이메일 제목

  D. '거부감 해소' 이메일 제목

  E. '인식 전환' 이메일 제목

  F. '판매 촉구' 이메일 제목

6. 업무 배정 및 마감일 지정

7. 다음 회의 일정을 논의하라. 다음 회의에서는 콘텐츠를 다듬을 것이다.

## 콘텐츠 개선 회의

1. 회의 오프닝
   A. 회의의 목적을 알려라: 캠페인 출시를 위한 모든 관련 콘텐츠 검토 및 진행 일정 확정.
2. 원라이너 검토 및 편집
3. 웹사이트 검토 및 편집
4. 리드 제너레이터 검토 및 편집
5. 고객 육성 이메일 검토 및 편집
6. 판매 촉구 이메일 검토 및 편집
7. 캠페인 시작 날짜 결정
8. 업무 배정 및 마감일 지정
9. 캠페인 검토, 수정 및 개선을 위한 회의 일정을 캠페인 출시 약 한 달 뒤로 잡자.

## 결과 분석 및 개선 회의

1. 회의의 목적은 특정 캠페인을 개선하는 것이라고 설명하라.
2. 캠페인에 사용할 이메일들을 프린트하여 나누어주라.
3. 데이터를 검토하라. 무엇이 효과가 있었고 무엇이 효과가 없었는가?
4. 효과가 없는 것은 수정, 편집 또는 교체하라.
5. 효과가 있었던 것이 무엇인지 논의하고, 이것을 웹사이트나 다른 이메일에도 적용할 수 있는지 논의하라.
6. 캠페인 실행을 맡은 담당자에게 수정 작업을 요청하라.

# 샘플 와이어 프레임Sample Wireframe

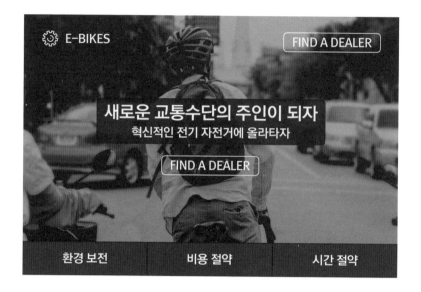

## 길에서 시간을 낭비하기에 인생은 너무 짧습니다.

교통체증은 짜증만 날 뿐입니다.
주저하지 마세요.
당신의 시간은 소중합니다.

FIND A DEALER

# CIRCUIT E-BIKE와 함께 시간을 아끼고
## 누구보다 먼저 인생을 펼치자!

### 주유 비용을 아낀다

여행의 절반만이라도
E-Bike를 이용해서 주유
비용을 대폭 줄이며 즐기세요.

FIND A DEALER

### 주차의 번거로움에서
### 벗어난다

E-Bike에 오르면, 주차 요금
을 신경 쓸 필요 없고 어디든
주차해도 좋습니다.

### 제시간에, 아니 더 일찍
### 도착한다

매일 사무실에 제일 먼저
도착해서 상사에게 깊은
인상을 남기세요.

---

우리는 자전거만 고민하지 않습니다.

우리는 여러분의 더 나은 삶을 고민합니다.

FIND A DEALER

20,000명 이상의 행복한 라이더와 함께합니다.

5,000,000갤런 이상의 가스를 아낍니다.

100,000시간 이상의 출퇴근 시간을 아낍니다.

---

### THE MOUNTAIN CLIMBER

상세 정보 ▶

### THE COMMUTER

상세 정보 ▶

### THE BEACH COMBER

상세 정보 ▶

# 구매 방법

①
자전거의 사이즈를
확인한다.

②
마음에 드는
자전거를 고른다.

③
혁신적인 자전거의
주인이 된다.

FIND A DEALER

**CIRCUIT E-BIKE에 올라 교통체증에서 벗어나
시원한 바람을 만끽하세요.**

매일 수많은 사람이 길에서 소중한 시간을 낭비하고 있
습니다. CIRCUIT E-BIKE와 함께 더 많은 시간을 아끼
고, 당신의 인생에 더 많은 여유를 더하세요.

상품 정보 더 보기

전기 자전거로
돈을 모으고
아끼는
10가지 방법

무료로 PDF를 내려받고 절약의
길을 따라 달려 내려오세요.

PDF 다운로드

교통체증에서 벗어나자! 내 길을 헤쳐나가자! FIND A DEALER

E-BIKES

SHOP
장비
컬렉션
세일
맞춤 주문
바이크 검색
바이크 시운전

ABOUT
전통
기술
레이싱
스토리
채용 정보

LEGAL
개인 정보 보호 정책 & 이용 약관
쿠키 정책
인터넷 쇼핑 관련 법령
안전 수칙 & 리콜

# 온택트 마케팅

초판 1쇄 인쇄 | 2020년 10월 7일
초판 1쇄 발행 | 2020년 10월 15일

지 은 이 | 도널드 밀러 · J.J. 피터슨
옮 긴 이 | 김혜진
발 행 인 | 고석현

발 행 처 | (주)한올엠앤씨
등     록 | 2011년 5월 14일

주     소 | 경기도 파주시 심학산로 12, 4층
전     화 | 031-839-6804(마케팅), 031-839-6811(편집)
팩     스 | 031-839-6828
이 메 일 | bookandcontent@hanmail.net
홈페이지 | www.daybybook.com

*책읽는수요일, 라이프맵, 비즈니스맵, 생각연구소, 지식갤러리, 스타일북스는 ㈜한올엠앤씨의 브랜드입니다.